工会工作者岗位能力提升丛书

GONGHUI GONGZUOZHE GANGWEI
NENGLI TISHENG CONGSHU

怎样当好
工资集体协商指导员

ZENYANG DANGHAO GONGZI
JITI XIESHANG ZHIDAOYUAN

彭红艳◎著

中国工人出版社

图书在版编目（CIP）数据

怎样当好工资集体协商指导员 / 彭红艳著.—北京：中国工人出版社，2015.5
ISBN 978-7-5008-6136-2

Ⅰ.①怎…　Ⅱ.①彭…　Ⅲ.①工资管理－手册　Ⅳ.①F244-62

中国版本图书馆CIP数据核字（2015）第100924号

怎样当好工资集体协商指导员

出 版 人	李庆堂
责任编辑	王　薇
责任校对	孙迺伟
责任印制	栾征宇
出版发行	中国工人出版社
地　　址	北京市东城区鼓楼外大街45号　邮编：100120
网　　址	http://www.wp-china.com
电　　话	（010）62350006（总编室）　（010）62005039（出版物流部） （010）82075935（工会与劳动关系分社）
发行热线	（010）62004002　（010）82081553（传真）
经　　销	各地书店
印　　制	三河市万龙印装有限公司
开　　本	700 毫米 × 1000 毫米　1/16
印　　张	17.5
字　　数	230千字
版　　次	2015年7月第1版　2017年4月第2次印刷
定　　价	38.00 元

前　言

工资集体协商指导员队伍是顺应工会开展集体协商现实需要应运而生的一支重要力量。在各级工会的共同努力下，工资集体协商指导员队伍建设得到了不断加强，在推动工资集体协商工作中发挥了积极作用。截至2015年4月，全国共有30个省（区、市）总工会出台了工资集体协商指导员队伍建设的意见，22个省（区、市）总工会制定了建立专职集体协商指导员队伍建设的意见或转发了全总《关于加强专职集体协商指导员队伍建设的意见》。特别是全总2008年下发《关于建立集体协商指导员队伍的意见》，2012年下发《关于加强专职集体协商指导员队伍建设的意见》以来，工资集体协商指导员队伍建设驶入“快车道”。目前，全国共有工资集体协商指导员14.9万人，是2007年38878人的3.83倍；其中，专职工资集体协商指导员5778人，是2011年1300人的4.44倍。

在工资集体协商指导员队伍建设取得明显成绩的同时，也应该清醒地看到，工资集体协商指导员队伍建设与现实需要还存在一定差距。《中华全国总工会深化集体协商工作规划（2014—2018年）》（简称五年规划）对强化工资集体协商人才队伍建设，从队伍规模、管理使用、保障力度三个方面提出进一步的明确要求。各级工会要按照五年规划的要求，坚持以问题为导向，以解决队伍建设面临突出问题的实际成效推动工作迈上新台阶，真正培养一批中国工会自己的集体协商谈判专家，确保五年规划确定的目标任务顺利实现。《中共中央国务院关于构建和谐劳动关系的意见》对推行集体协商和集体合同制度也提出了相关意见。

基于以上认识，我编写了《怎样当好工资集体协商指导员》一书，旨在对工资集体协商指导员开展工作、提升素质有所帮助。本书层次清晰、内容充实、通俗易懂，以问答的形式介绍了工资集体协商指导员应知应会的理论与实操知识，并附有参考样本和相关法律法规以供查阅。由于写作时间仓促，书中难免有疏漏不足之处，请读者批评指正。

作　者

2015 年 6 月

CONTENTS 目录

一 工资集体协商概述

1. 什么是工资集体协商?

根据劳动和社会保障部《工资集体协商试行办法》的有关规定，工资集体协商是指职工代表与企业代表依法就企业内部工资分配制度、工资分配形式、工资收入水平等事项进行平等协商，在协商一致的基础上签订工资协议的行为。

集体协商是市场经济国家协调劳动关系的主要方式，由于工资分配是职工经济权益的基本内容之一，关系劳动关系双方利益的调整，因此工资集体协商是集体合同的核心内容，也是集体协商的重要组成部分。

工资专项集体合同是指职工一方与用人单位之间专门就工资事项签订的专项集体合同。可见，工资集体协商与工资专项集体合同之间是程序与结果的关系。工资集体协商的结果既可以形成工资专项集体合同，也可以作为集体合同的附件，并与集体合同具有同等的法律效力。

2. “集体协商”和“集体谈判”之间有什么联系和区别?

集体谈判是国际劳工组织使用的概念。根据国际劳工组织《促进集体谈判公约》第2条规定，集体谈判是指包括在以一个雇主、一个雇主团体或一个或一个以上的雇主组织为一方，与一个或多个工人组织之间进行的谈判。集体谈判的内容包括：（1）确定工作条件和雇用条件；（2）调整雇主和工人之间的关系；（3）调整雇主或者他们的组织同一个或者多个工人组织之间的关系。

在我国，这种协商谈判行为在法律上称之为“集体协商”或“平等协商”。我国的集体协商是订立集体合同的一个程序，集体协商的目的是订立集体合同。

我国的集体协商与西方发达国家集体谈判的相同点主要集中在协商谈判的主体、程序、内容以及所需的方法技巧上，它们都是由工会作为劳动者一方的代表，按照法定或者约定的程序，围绕工资水平、福利待遇、劳动条件等涉及劳动者权益的重要内容同资方进行协商或谈判，在协商一致的基础上达成协议。

两者的不同点主要集中在：（1）西方发达国家的集体谈判具有潜在的对抗性；而我国的集体协商偏重于沟通和合作。非正式、一般性的沟通在我国集体协商中占有非常重要的地位；而西方发达国家以正式、公开的谈判形式为主导。（2）西方发达国家的集体谈判一般都会按照“对抗—妥协—对抗”的方法达成谈判目的；而我国的集体协商按照“合作—双赢—和谐”的路径实现协商目的。（3）西方发达国家集体谈判的目标是“单维护”，着眼于如何最大限度地维护劳动者权益；而我国集体协商的目标是“双维护”，既要维护劳动者的合法权益，也要促进企业发展。（4）西方发达国家的集体谈判破裂，工会一方会采取罢工的方式；而我国如果遇到集体协商不能达成一致时，可以通过仲裁、诉讼等途径来进行解决，劳动关系双方都不提倡罢工。

3. 开展工资集体协商的意义是什么？

开展工资集体协商的意义是：

（1）开展工资集体协商是加强和改善民生的重要举措

随着工资集体协商工作实践的不断深入，党中央、国务院对工资集体协商工作的要求也越来越深化，越来越具体。2008 年 3 月 5 日，国务院政府工作报告将“推动企业建立工资集体协商制度”作为提高企业职工工资水平，建立企业职工工资正常增长和支付保障机制的重要举措，向各级政府提出明确要求。2009 年 3 月 5 日，国务院政府工作报告提出，“鼓励和支持困难企业与员工协商薪酬”，对金融危机条件下开展工资集体协商工作提出了具体要求。2011 年 3 月 14 日，全国人大通过的《中华人民共和国国民经济和社会发展第十二个五年规划纲要》，将集体协商贯穿于“构建和谐劳动关系”、“深化工资制度改革”和“改善民生行动计划”等重点内容之中，提出要“不断扩大集体合同覆盖面”。2012 年 11 月 8 日，党的十八大报告将“推行企业工资集体协商制度，保护劳动所得”作为千方百计增加居民收入的重要举措。2013 年 2 月 3 日，国务院批转《关于深化收入分配制度改革的若干意见》提出，“以非公有制企业为重点，积极稳妥推行工资集体协商和行业性、区域性工资集体协商，到 2015 年，集体合同签订率达到 80%，逐步解决一些行业企业职工工资过低的问题。”对集体协商工作的推进方式、推进重点和具体目标都提出了具体要求。2013 年 11 月 12 日，党的十八届三中全会进一步指出，“健全工资决定和正常增长机制，完善最低工资和工资支付保障制度，完善企业工资集体协商制度。”2015 年 3 月 21 日，《中共中央国务院关于构建和谐劳动关系的意见》指出，“以非公有制企业为重点对象，依法推进工资集体协商，不断扩大覆盖面、增强实效性，形成反映人力资源市场供求关系和企业经济效益的工资决定机制和正常增长机制。完善工资指导线制度，加快建立统一规范的企业薪酬调查和信息发布制度，为开展工资集体协商提供参考。推动企业与职工就工作条件、劳动定额、女职工特殊保护等开展集体协商，订立集体合同。加强集体协商代表能力建设，提高协商水平。加强对集体协商过程的指导，督促企业和职工认真履行集体合同。”

（2）开展工资集体协商是维护职工劳动经济权益的现实需要

在市场经济条件下，职工工资应该由劳动关系双方通过工资集体协商确定，这既是我国发展市场经济的必然要求，也是国际惯例。要按照“市场机制调节、企业自主分配、平等协商确定、政府监督指导”的原则开展工资集体协商。推进工资集体协商有利于保障职工基本经济权益，共享企业发展成果，增强职工归属感自尊心，也有利于职工与企业的合作，共谋企业发展。

（3）推行工资集体协商制度是健全社会主义协商民主制度的重要内容

党的十八大报告指出，“健全社会主义协商民主制度”，“要完善协商民主制度和工作机制，推进协商民主广泛、多层、制度化发展”，“积极开展基层民主协商”。在企业层面，工资问题是劳动者最关心最直接最现实的利益问题，也是劳动关系中最敏感的问题，而工资集体协商制度是协调劳动关系的重要机制，也是协商民主在劳动关系领域的体现。

（4）开展工资集体协商是构建和谐劳动关系，促进社会和谐发展的主要途径

我国劳动关系总体上是和谐稳定的，但也面临一些问题和矛盾。发展和谐劳动关系是促进社会和谐的重要方面。通过开展工资集体协商，完善职工工资正常增长机制和支付保障制度，建立化解劳动关系矛盾的桥梁，有利于构建和谐劳动关系，促进社会和谐发展。

4. 当前工资集体协商工作的指导思想和工作原则是什么？

（1）指导思想

全面贯彻党的十八大、十八届三中全会和习近平总书记系列重要讲话精神，落实中国工会十六大关于“继续普遍开展工资集体协商，扩大覆盖面，提高协商质量”的工作部署，着眼充分发挥集体协商制度对调整劳动关系的基础性作用，以提升集体协商质量、增强集体合同实效为主线，进一步坚定信心、凝聚共识、攻坚克难，巩固实施《中华全国总工会2011—2013年深入推进工资集体协商工作规划》（总工发〔2011〕4号）取得的建制成果，有效解决一些企业职工参与协商程度不够、协商过程流于形式，一些集体合同内容不够详实具体、实际作用不够明显等问题，推动形成制度支撑有力、机制运转高效、职工参与广泛、实施效果明显的集体协商工作推进局面，使越来越多的职工对集体

协商的效果感受得到、能够认可、趋于满意，实现促进企业发展与维护职工权益相统一，推进广大职工实现体面劳动、舒心工作、全面发展。

（2）工作原则

①坚持提升质量、增强实效。把提升工资集体协商质量、增强集体合同实效贯穿于深化工资集体协商工作全过程，努力实现数量与质量、规模与效果相统一。

②坚持重心下移、上下联动。切实把工资集体协商工作重心放在基层，注重通过健全完善制度机制调动基层工会的积极性、主动性，形成基层工会主动作为、上级工会指导服务到位的良性互动局面。

③坚持依靠职工、惠及职工。把动员广大职工全过程参与作为深化工资集体协商工作的动力，落实职工参与权利，扩大职工参与范围，使工资集体协商内容真正反映职工意愿和需求，促进职工充分共享经济社会发展成果。

④坚持凝聚共识、营造氛围。加强正面宣传引导、形成正确舆论导向，通过宣传引导推动形成以工资集体协商方式化解劳动关系矛盾的普遍共识。

5. 我国指导工资集体协商的主要文件有哪些？

为了规范工资集体协商和签订工资集体协议，保障劳动关系双方的合法权益，促进劳动关系的和谐稳定，我国初步形成了工资集体协商的法律法规政策体系，主要包括：《劳动法》《劳动合同法》《工会法》《最低工资规定》《工资支付暂行规定》《对〈工资支付暂行规定〉有关问题的补充规定》《集体合同规定》《工资集体协商试行办法》《关于进一步推进工资集体协商工作的通知》等。还有最近几年全总下发的《中华全国总工会关于建立集体协商指导员队伍的意见》《中华全国总工会关于开展集体协商要约行动的意见》《中华全国总工会2011—2013年深入推进工资集体协商工作规划》《中华全国总工会关于进一步推动世界500强在华企业建立工资集体协商制度的意见》《全国工会集体协商指导员培训实施计划（2011—2013年）》《关于加强专职集体协商指导员队伍建设的意见》《中华全国总工会深化集体协商工作规划（2014—2018年）》《中华全国总工会关于提升集体协商质量，增强集体合同实效的意见》等。

这些文件为各级工会更好地开展工资集体协商工作，推动维权机制建设，促进劳动关系和谐发展提供了政策依据。

6. 工资集体协商的主体是什么？

工资集体协商的主体由两个方面组成：一方面是劳动力所有者和支出者，而劳动者其代表一般为工会；另一方面是生产资料占有者和劳动力使用者即用人单位或雇主。这两个方面形成劳动关系双方。

7. 工资集体协商有哪些基本特征？

工资集体协商的主体使它具有两个显著特征：一是工资集体协商是一种组织行为，即是劳动关系双方的一种集体交涉过程；二是工资集体协商是一种法律行为，即具有法定资格的谈判主体的交涉行为受法律的约束。

8. 工资集体协商的主要类型有哪些？

工资集体协商的主要类型有：

（1）企业工资集体协商

以企业为单位，根据本企业的实际情况，经企业工会或职工代表与企业代表依法进行工资集体协商，签订本企业的工资集体协议。

（2）区域性工资集体协商

以行政区域为单位（如区、镇、村、街道、经济开发区等），通过区域工会组织或企业工会联合会与对应的地区企业主授权组织，依法进行工资集体协商，签订覆盖本地区所有企业的区域性工资集体协议。

（3）行业（产业）工资集体协商

以行业（产业）为单位，通过行业（产业）工会组织与相应的企业组织、行业协会或者由同行业企业方推选出的代表，依法进行工资集体协商，签订覆盖本行业（产业）所有企业的工资集体协议。

企业工资集体协议确定的工资标准，不得低于区域性、行业性工资集体协议的规定。

9. 开展工资集体协商应具备什么条件？

开展工资集体协商应具备以下条件：

（1）企业生产经营正常，具备必要的工资支付能力；

（2）企业必须有代表职工利益一方的工会组织；

（3）企业已签订集体合同；

（4）必须具备开展工资集体协商所需要的社会和企业两方面的数据。

10. 工资集体协商的内容是什么？

《工资集体协商试行办法》第七条对工资集体协商内容做了明确规定，它包括：

（1）工资协议的期限；

（2）工资分配制度、工资标准和工资分配形式；

（3）职工年度平均工资水平及其调整幅度；

（4）奖金、津贴、补贴等分配办法；

（5）工资支付办法；

（6）变更、解除工资协议的程序；

（7）工资协议的终止条件；

（8）工资协议的违约责任；

（9）双方认为应当协商约定的其他事项。

同时附则第二十五条规定，本办法对工资集体协商和工资协议的有关内容未做规定的，按《集体合同规定》的有关规定执行。这不仅拓宽了开展工资集体协商的思路，而且提高了工资集体协议的操作性。

11. 当前工资集体协商工作的重点是什么？

当前，推进工资集体协商工作的重点是在非公有制企业、中小企业和劳动密集型企业。工会推动工资集体协商要根据各地各企业实际情况，因地制宜，因企制宜，分类指导，突出重点。工资集体协议可以是全面的，也可以有所侧重。

生产经营正常和效益较好的企业，应重点就工资水平、加班工资、奖金分配、特殊情况下的职工工资、补充保险、补贴和福利等进行协商，建立正常的工资调整机制，使广大职工共享企业发展的成果。

生产经营比较困难或不太稳定的企业，应重点就工资支付办法、企业最低工资、职工社会保险、下岗职工基本生活保障等进行协商，重在建立工资支付保障机制和欠薪补偿制度，保证职工获得基本劳动报酬的权益。

改制企业要从理顺内部分配关系入手，协商确定企业工资分配制度和办法、下岗分流职工的工资支付和经济补偿等。

在非公有制企业特别是小型企业比较集中的地区，要积极推行区域性、行业性工资集体协商，由上一级工会代表职工与相应的企业代表组织或企业，就区域行业最低工资、工资支付办法、加班工资、职工社会保险等进行协商，签订工资集体协议。

实行岗位工资制度的企业，要把确定和调整岗位工资标准作为协商重点；实行计件工资制的企业，要通过协商合理确定工人的劳动定额和计件单价；实行股份制的企业，要正确处理工资分配、股息红利与劳动分红之间的比例关系，防止利润侵蚀工资或工资分配侵蚀利润；实行经营者年薪制的企业，要根据企业实际情况合理确定企业经营者与职工的工资分配关系，既要充分体现对经营管理者劳动的肯定和激励作用，又要切实保证职工工资收入随经济效益的提高逐步增加。

12. 工资集体协商与工会的关系是什么?

开展工资集体协商是工会的职责所在。工会代表职工与企业包括企业代表组织进行平等协商、签订集体合同，不仅是国家法律的规定，也是我国法律赋予工会组织的职责。

《劳动法》规定，“集体合同由工会代表职工与企业签订。”《工会法》规定，“工会通过平等协商和集体合同制度，协调劳动关系，维护企业职工劳动权益。”《劳动合同法》规定，“企业职工一方与用人单位可以订立劳动安全卫生、女职工权益保护、工资调整机制等专项集体合同。”“在县级以下区域内，建筑业、采矿业、餐饮服务业等行业可以由工会与企业方面代表订立行业性集体合同，或者订立区域性集体合同。”

13. 上级工会在开展工资集体协商中有哪些职责?

上级工会在开展工资集体协商中有以下职责：

（1）从本地区实际出发，与政府有关部门配合，参与当地工资指导线的制定工作。

（2）加强信息的交流和发布，及时与政府有关部门联系，将地方有关的经济、物价、劳动力供求、收入分配等政策、信息和资料提供给企业工会，为基层提供工资集体协商相关的数据资料等，为企业开展工作创造条件。

（3）利用典型引路，推动企业工资集体协商工作全面开展。当企业工资集体协商出现重大意见分歧时，上级工会应帮助协调，并参与处理有关争议。

（4）利用各种形式和途径加强对基层工会协商代表的培训，提高工会干部和协商代表的能力和素质。

（5）加强对基层工会工资集体协商工作的帮助、指导和监督、检查，为企业开展工资集体协商排忧解难，为协商代表提供相应的保护措施。

（6）对尚未建立工会的企业，上级工会负有双重职责，一方面组织职工依法组建工会；另一方面创造条件，帮助、指导职工与企业进行工资集体协商，签订工资集体协议。

14. 工资集体协商制度与职工代表大会制度之间有什么联系？

集体合同制度和职工代表大会制度是工会维护职工合法权益的两大机制。《工会法》第六条规定："工会通过平等协商和集体合同制度，协调劳动关系，维护企业职工劳动权益。工会依照法律规定通过职工代表大会或者其他形式，组织职工参与本单位的民主决策、民主管理和民主监督。"前者强调劳动权益，后者强调民主权利。

工资集体协商与职工代表大会之间存在的内在联系是：集体合同制度是市场经济条件下民主管理的形式之一，工资集体协商是集体合同的重要组成部分，建立一个健康完善的职代会制度才能更好地建立一个健康完善的工资集体协商制度，职代会为工资集体协商提供职权保障。

《集体合同规定》第三十六条规定："经双方协商代表协商一致的集体合同草案或专项集体合同草案应当提交职工代表大会或者全体职工讨论。"《劳动合同法》第五十一条规定："企业职工一方与用人单位通过平等协商，可以就劳动报酬、工作时间、休息休假、劳动安全卫生、保险福利等事项订立集体合同。集体合同草案应当提交职工代表大会或者全体职工讨论通过。”

工资集体协商是由协商代表参与的，通过职工代表大会讨论，即由多数人通过认可保证协商谈判的实施可行。协商与职代会的审议通过相结合，使职工权益的维护具有了更坚实的基础。

15. 集体合同与劳动合同有什么联系和区别?

集体合同（含工资专项集体合同，下同）与劳动合同都是我国《劳动法》规定的合同形式，都具有保障劳动者合法权益的功能，都是调整劳动关系的重要制度。对于劳动合同没有规定或者规定不详的事项，集体合同具有补充的功能。

集体合同与劳动合同存在以下的区别：

（1）当事人不同

劳动合同的一方当事人是用人单位，而另一方是劳动者个人；集体合同的一方当事人是用人单位或其团体，另一方必须是代表职工的工会组织或者职工推举的代表。劳动者个人不能签订集体合同，而工会组织也不能为劳动者个人签订劳动合同。

（2）内容不同

集体合同与劳动合同都以工作任务、劳动条件、劳动报酬、保险福利等为基本内容，但在具体订立协议时是有区别的。劳动合同限于规定劳动者个人和用人单位之间的权利义务，内容比较简单，一般都在法律、法规中直接规定，比较单一；集体合同规定的是劳动者集体劳动的劳动条件、工作时间、劳动报酬、福利待遇等，明确有关用人单位的整体性措施，用于调节集体劳动关系，内容全面、复杂。

（3）适用范围不同

订立劳动合同是为了维护劳动者个人的合法权益，只适用于劳动者个人；订立集体合同是为了维护全体劳动者的合法权益，即适用于用人单位的全体劳动者。

（4）法律效力不同

劳动合同对用人单位和劳动者个人发生效力；集体合同对于签订集体合同的用人单位和工会及工会代表的全体劳动者都发生效力。集体合同的法律效力高于劳动合同的法律效力，它是企业订立劳动合同的重要依据，劳动者个人与企业订立的劳动合同条款的标准不得低于集体合同的规定，两者出现不一致时，应以集体合同规定的条款为准。

（5）生效程序不同

劳动合同由双方当事人签字即生效；而经双方协商代表协商一致的集体合同草案或专项集体合同草案应当提交职工代表大会或者全体职工讨论，由双方首席代表签字之日起 10 日内，由用人单位一方报送劳动保障行政部门审查，劳动保障行政部门自收到文本之日起 15 日内未提出异议的，集体合同即行生效。劳动保障行政部门对集体合同有异议的，应当自收到文本之日起 15 日内将《审查意见书》送达双方协商代表。

（6）违约责任不同

对于劳动合同，只要符合违约条件，都可能根据其后果及损失的大小予以赔偿，而且可能因为违约导致合同解除。如果劳动者违反了集体合同的规定，用人单位不能解除集体合同；而用人单位违反集体合同的规定，侵害了职工的合法权益并造成损失时，应承担物质赔偿责任。

二 工资集体协商指导员

16. 什么是工资集体协商指导员？

工资集体协商指导员是由工会组织领导、聘用和管理，负责指导、帮助和参与基层工会代表职工与企业方或企业代表组织进行集体协商、签订集体合同或工资等专项集体合同的人员。

建立工资集体协商指导员队伍是为了更好地开展工资集体协商工作，推动维权机制建设，促进劳动关系和谐发展。

各级工会在开展工资集体协商工作中，要积极创造条件，逐步建立起工资集体协商指导员队伍。有条件的产业（行业）工会，也可根据需要建立产业（行业）工会的工资集体协商指导员队伍。

17. 为什么要加强工资集体协商指导员队伍建设？

随着工资集体协商工作的深入发展，面临着扩大覆盖面和提质增效的迫切要求，因此，需要大批业务精通、经验丰富的专业人才参与到工资集体协商工作中来。

加强工资集体协商指导员队伍建设，是工会贯彻落实科学发展观，构建和谐劳动关系组织广大职工共建和谐社会，共享改革发展成果的重要举措；是工会加强维权机制建设，推动企业建立以工资集体协商为重点的集体协商制度的客观需要；有利于工会更好地表达职工的利益诉求，依法维护职工合法权益，促进企业建立规范有序、公正合理、互利共赢、和谐稳定的劳动关系。

加强工资集体协商指导员队伍建设有利于破解集体协商工作面临的

现实难题。当前，企业工会干部具有双重身份，既是企业的雇员，又是职工方利益的代表者和维护者，使得一些企业工会干部在履行职责时，存在着一定的畏难情绪。工资集体协商指导员一般受雇于工会组织，与企业没有隶属关系，在指导和参与企业集体协商时，没有“不敢谈”的后顾之忧，能积极主动为最大限度争取职工方利益而与企业经营者开展协商谈判。

加强工资集体协商指导员队伍建设有利于发挥专业人才在工资集体协商中的优势。工资集体协商指导员一般是社会各界从事劳动关系领域工作的专家、学者、律师、教师、社会工作者、企业管理工作者等方面的专业人士，具有法律、经济、财务等方面相关专业优势。有利于改变职工方协商代表能力素质尚不适应工资集体协商工作，而导致的“不善谈”的尴尬局面。工资集体协商指导员参与到企业工资集体协商过程中，不仅能够在一定程度上改变劳动关系双方“协商力量不对等”、“素质不匹配”、“信息资源不对称”等局面，而且有利于工会更好地表达职工的利益诉求，提高协商的质量。

18.《中华全国总工会关于加强专职集体协商指导员队伍建设的意见》解决了什么问题?

《中华全国总工会关于加强专职集体协商指导员队伍建设的意见》围绕专职工资集体协商指导员队伍建设的重要意义、基本要求、主要职责、选聘条件、选聘办法、管理制度等内容，作出了明确规定和要求。解决了专职工资集体协商指导员队伍为什么建、怎么建等关键问题。

（1）阐明了建立专职工资集体协商指导员队伍的重要性和必要性。

（2）对地方工会建立专职工资集体协商指导员队伍的规模数量、经费来源等提出了具体要求。

（3）从宣传指导、参与培训、参加协商、调查研究、监督检查等方面明确了专职工资集体协商指导员的职责任务。

（4）从政治素质、专业背景、实践经验、身体条件等方面对专职工资集体协商指导员的选聘条件作出了规定，规范了选聘原则、选聘程序、聘用期限等内容。

（5）进一步规范了考核激励、定期培训、联系沟通等管理制度。

这些规定为各地专职工资集体协商指导员队伍建设提供了基本遵循，为各地在实践中进一步推进和完善这项工作奠定了基础。

19. 工资集体协商指导员队伍建设取得了哪些成绩？

工资集体协商指导员队伍是顺应工会开展工资集体协商现实需要应运而生的一支重要力量。在各级工会的共同努力下，工资集体协商指导员队伍建设得到了加强，在推动工资集体协商工作中发挥了积极作用。

（1）工资集体协商指导员队伍规模逐步扩大

各地工会把加强工资集体协商指导员特别是专职工资集体协商指导员队伍建设，作为推动工资集体协商工作深化发展的重要抓手，提高认识、加强领导，高度重视、摆上位置，有力推动了工资集体协商指导员队伍规模不断扩大。截至 2015 年 4 月，全国共有工资集体协商指导员 14. 9 万人，其中，专职工资集体协商指导员 5778 人。

（2）工资集体协商指导员培训力度不断加大

各地工会把工资集体协商指导员特别是专职工资集体协商指导员作为培训的重点对象，以提升工资集体协商谈判能力为重点，通过专题培训、现场观摩、模拟谈判等多种形式开展业务培训，促使专职工资集体协商指导员的理论水平和协商谈判能力同步提升。

（3）工资集体协商指导员管理制度日趋完善

在人员选聘方面，建立了公开招聘制度，本着宁缺毋滥、公开、平等、竞争、择优的原则，切实规范选聘程序，严把准入门槛，真正把符合条件要求、能够履职尽责的劳动关系领域专业人才吸纳到工资集体协商指导员队伍中来。

在日常管理方面，15 个省（区、市）及一些城市总工会制定了工资集体协商指导员队伍或专职工资集体协商指导员队伍的管理办法（实施细则），对专职工资集体协商指导员工作职责、选聘条件、管理使用、退出机制、工作经费和补贴待遇等作出明确规定。

在考核奖励方面，制定了工资集体协商指导员考核奖励办法，定期对工资集体协商指导员的工作实绩进行考核，并将考核情况作为工资集体协商指导员续聘与否的重要参考依据。

（4）工资集体协商指导员经费保障更加有力

各地工会积极争取列支专项经费，加大投入力度，确保工资集体协商指导员各项保障措施落实到位。一些地方在为工资集体协商指导员工作提供补贴经费的同时，结合实际为工资集体协商指导员提供办公场所、交通用餐经费、人身保险等保障办法，切实解决了工资集体协商指导员的工作条件问题，解除了工资集体协商指导员的后顾之忧，留住了一大批优秀工资集体协商指导员。

（5）工资集体协商指导员队伍作用初步显现

各地工会聘用的工资集体协商指导员带着对工资集体协商工作的满腔热情和对职工群众的深厚感情，发扬“妈妈心、婆婆嘴、闲不住的两条腿”的精神，积极主动深入行业、区域、企业中，深入职工群众中间，与企业工会干部、职工协商代表一道，运用专业知识和实践经验，扎扎实实地推动开展工资集体协商。他们通过深入一线调研、广泛开展宣传、积极协商谈判、培育总结典型等扎实有效的工作，在推动工资集体协商建制率大幅提高、促进形成工资集体协商社会共识、提升工资集体协商质量和实效、增强工会组织吸引力和影响力等方面发挥了独特作用，为树立工会“职工之家”和工会干部“娘家人”的良好形象作出了积极贡献。

20. 工资集体协商指导员队伍建设还存在什么问题?

工资集体协商指导员队伍建设与现实需要还存在一定差距。

(1) 一些地方工会对工资集体协商指导员队伍建设重要性认识不足

有些地方至今仍未建立专职工资集体协商指导员队伍；有的地方虽然建立了专职工资集体协商指导员队伍，但是并没有达到全总要求的规模水平，全国专职工资集体协商指导员数量远远不能满足工资集体协商工作的需要。

(2) 一些地方工会专职工资集体协商指导员选聘标准不够严格

有的地方专职工资集体协商指导员“名不副实”，不符合全总规定的要求；有的地方在统计时将社会化工会工作者、工会协理员、组织员等视为专职工资集体协商指导员。

(3) 一些地方工会专职工资集体协商指导员队伍管理制度不够健全

有的地方对专职工资集体协商指导员的补贴标准比较低，工作条件和相关保障不够有力；有的地方对专职工资集体协商指导员队伍疏于管理，没有明确清晰的职责分工，目标任务设置不够科学合理，考核标准缺少协商质量和效果的内容，没有建立起规范有效的管理制度。

(4) 一些地方工会专职工资集体协商指导员作用发挥不充分

有的地方专职工资集体协商指导员没有做到专职专用，没有把主要精力用在参与指导工资集体协商上；有的专职工资集体协商指导员能力素质不高，理论知识缺乏、知识结构单一、协商谈判能力较弱，不能适应工资集体协商工作的要求。

21. 全总采取了哪些措施推动工资集体协商指导员队伍建设?

(1) 提高思想认识，摆上重要位置

各级工会要充分认识加强工资集体协商指导员特别是专职工资集体协商指导员队伍建设，是当前破解工会工资集体协商工作人手不够、力量不足的现实需要；是解决职工方协商代表“不敢谈”、“不善谈”的难题，提升工资集体协商质量和实效的有效途径；是顺应工资集体协商工作形势任务要求，切实维护职工权益的必然要求。全总将对没有建立工资集体协商指导员队伍的省级总工会进行重点督促，在五年规划年度考核中，加大专职工资集体协商指导员队伍建设的考核权重，对于没有建立队伍的地方实行“一票否决”；对于已经建立队伍的地方，将视规模数量、规范程度、作用发挥等情况进行差别化考核。

(2) 把好准入门槛，选配专业人才

各地工会要按照公开、平等、竞争、择优的原则，拓宽选拔渠道，注重实践经历，从曾在党政机关、工会组织、教育研究机构、企业等供职且已退休或离岗的人员中，选拔一批业务素质能力高、实践经验丰富、具有一定社会影响力的优秀人才到工资集体协商指导员队伍中来。在选聘过程中，各省（区、市）总工会要切实担负起制定规划、把关定向、组织实施的责任，坚持“一把尺子量到底”，始终按照同一个标准严把“准入门槛关”。同时，要建立档案管理制度，对辖区范围内的专职工资集体协商指导员进行实名登记，实行动态管理，并报全总备案。

(3) 严格队伍管理，促进履职尽责

各地工会要对工资集体协商指导员队伍进行统一管理、合理调配、有效使用。在管理使用上，各地工会要制定完善专职工资集体协商指导员队伍管理办法，建立一整套部署安排工作、交流通报情况、研究解决问题、组织集中述职的工作机制；在考核评价上，要坚持实事求是、科学合理的原则，确定专职工资集体协商指导员的工作目标任务和业绩考核标准，逐步把工作重点引导到提高集体协商质量和时效上来；在激励约束上，要通过基层走访了解、听取工作汇报、抽查工作手册等方式，定期对专职工资集体协商指导员工作实际进行考核，对实绩突出者给予相应的物质奖励或精神奖励，对不胜任、不称职的坚决予以解聘。特别是要把全总提出的“每个专职集体协商指导员每一个年度内，至少直接参与四次企业、行业或区域集体协商的全过程”要求真正落到实处。

（4）加强培训锻炼，提高能力素质

各地工会要把工资集体协商指导员业务培训纳入工会整体培训规划中，加大经费投入，指定培训计划，建立职责明确、制度健全、考评结合、有序有效的集体协商指导员培训管理制度；积极开展有针对性、分步骤、分层次的培训工作。要创新培训形式，改进培训方法，探索创新案例式、研讨式、情景模拟式、经验分享式、拓展训练式等培训模式和方法，开发和完善具有较强针对性、适用性、科学性的培训教材和参考资料，增强培训的吸引力和实际效果，不断提高工资集体协商指导员的实战能力。

（5）列支专项经费，提供坚实保障

县级以上地方工会应当列支专项经费，保障专职工资集体协商指导员队伍建设，做到专款专用，合理解决其工资补贴问题，并为其开展工作提供必要的办公条件。有条件的地方，应进一步加大经费保障力度，确保经费投入随队伍规模、工作水平的提高而同步提高，同时要积极探索为专职工资集体协商指导员开展工作给予更为有力的支持和保障的方式方法，推动工资集体协商工作的深入发展。

22. 工资集体协商指导员的聘用条件是什么？

依据全国总工会 2012 年下发的《中华全国总工会关于加强专职集

体协商指导员队伍建设的意见》的相关要求，专职工资集体协商指导员应从曾在党政机关、工会组织、教学研究机构、企业等供职，且已退休或离岗的人员中聘请，并具备以下条件：

（1）认真贯彻党的路线方针政策，学习宣传实践中国特色社会主义工会发展道路，政治立场坚定，品行端正，作风严谨，办事公道，热心群众工作，廉洁自律，具有较强的事业心和责任感。

（2）掌握国家和地方劳动法律法规和相关政策，熟悉企业人力资源管理、财务制度，以及劳动工资、社会保障、劳动安全卫生等相关专业知识。

（3）熟悉集体协商工作，具备一定的集体协商知识和实践经验，有较强的组织协调能力、协商谈判能力和研究解决问题的能力。

（4）身体健康，能独立承担参加协商、调查研究、工作指导和培训教学等任务，年龄一般不超过 65 周岁，特殊需要的经上一级工会同意可延聘至 68 周岁。

23. 工资集体协商指导员的主要职责是什么？

工资集体协商指导员的主要职责有以下几个方面：

（1）宣传指导

宣传开展工资集体协商的意义和作用，为企业和职工答疑释惑、提供政策法律咨询；围绕推动企业建立工资集体协商共决机制，指导和帮助企业工会、区域工会联合会、行业工会联合会搜集整理与工资集体协商相关的资料、收集职工意见、提出协商要约、拟定协商方案、研究协商策略、确定协商内容、起草集体合同草案等。

（2）参与培训

协助本级总工会对负责工资集体协商工作的工会干部及相关人员、企业职工方代表等进行业务培训，着力提高工会干部和企业职工方协商代表开展工资集体协商、代表和维护职工合法权益的能力水平，为开展工资集体协商提供素质保证和智力支持。

（3）参加协商

可以受上级工会委托，或接受企业工会、区域工会联合会、行业工会联合会聘请，作为职工方协商代表直接参加工资集体协商。对工资集体协商过程中发生的重大问题，及时向本级总工会报告并提出意见建议。

（4）调查研究

调查了解地区、行业、企业人工成本、经营状况以及与工资集体协商相关的各种数据和信息，为基层工会开展工资集体协商提供数据支持；及时了解本地区开展工资集体协商工作的最新动态，发现和总结本地区先进经验和做法，为本级总工会推进工资集体协商工作提供决策参考；对履行职责过程中面临的新情况、新问题进行调查研究，提出解决的对策建议。

（5）监督检查

按照本级总工会的统一部署，参加对本地区工资集体合同执行情况的定期监督检查，协助本级总工会对工会工资集体协商工作开展情况进行监督指导。

24. 工资集体协商指导员的选聘办法是什么？

按照专职工资集体协商指导员的职责任务和选聘条件，坚持公开、平等、竞争、择优的原则，严把准入门槛，规范选聘程序，建立规范化的面向社会公开招聘的工作制度。

专职工资集体协商指导员实行聘任制，与所聘用单位建立劳务关系，原则上一年一聘。省（区、市）总工会可以直接从符合条件的人员中选聘。地（市）级总工会可从符合条件的各类人员中择优选择，报省级总工会审核批准后，统一培训、考试合格者颁发聘任证书，登记注册、建立档案并报省级总工会备案。地（市）级总工会可根据实际需要，将聘用的专职工资集体协商指导员分派到所辖各县（区）工会或产业工会开展工作。经济发达、中小企业集中、职工人数较多的县（区）级总工会和开发区（工业园区）总工会，可根据实际情况，从符合条件的各类人员中择优选择，经地（市）级总工会审核批准，统一培训、考试合格后颁发聘任证书，登记注册、建立档案并报地（市）级总工会备案。

各省（区、市）总工会应定期将辖区内聘请的专职集体协商指导员基本情况报全总集体合同部备案。

25. 如何加强工资集体协商指导员队伍管理？

通过制定相应办法、完善工作机制，建立健全工资集体协商指导员考核激励、定期培训、联系沟通等管理制度。

（1）考核激励制度

建立分级考核制度，按照不同的管理权限和工作要求，细化考核标准、量化考核指标；定期开展工作业绩评估考核，根据考核情况决定续聘、解聘或调整工作，对工作业绩特别突出的工资集体协商指导员给予适当奖励。

（2）定期培训制度

制定工资集体协商指导员中长期培训规划，有计划、有重点，分步骤、分层次开展培训；创新培训方法，拓展培训内容。通过集中学习、交流观摩、模拟实践、典型案例分析等多种形式，逐步提升工资集体协商指导员的专业水平。

（3）联系沟通制度

建立本级工会组织与工资集体协商指导员之间定期联系沟通制度，及时安排部署工作、交流通报情况、研究解决问题，进一步增强工资集体协商指导员队伍的凝聚力、影响力。

26. 工会如何为工资集体协商指导员队伍发挥作用创造条件？

各地工会在开展工资集体协商工作中，要积极创造条件，逐步建立起工资集体协商指导员队伍。有条件的产业（行业）工会，也可根据需要建立产业（行业）工会的工资集体协商指导员队伍。

（1）加强对工资集体协商指导员队伍的组织领导

有条件的地方可以建立省、市、县的指导机构，在乡镇、街道、行业可以建立指导站，实行分级管理；配备或聘用专（兼）职工作人员，设立专项经费，纳入本级工会的经费预算，用于工资集体协商指导员的各项活动、奖励和劳动报酬，实行专款专用、专项管理。

（2）努力形成有利于工资集体协商指导员队伍发挥作用的良好社会环境

积极争取党政领导、人大、政协以及社会各界的关心和支持，整合社会力量，拓宽指导员队伍的人才资源。加强宣传，努力营造良好的社会氛围。

（3）以改革创新的精神推动工资集体协商指导员工作

加强工资集体协商指导员队伍建设，需要各级工会组织和广大工会干部从实际出发，积极探索，大胆实践，勇于创新。要坚持边建立、边工作，逐步规范，不断总结、提高，及时研究解决工资集体协商指导员工作中的困难和问题，不断增强工资集体协商指导员工作的实效性，充分发挥其在发展和谐劳动关系、推动构建和谐社会中的积极作用。

27. 工资集体协商指导员和职工协商代表有何区别？

工资集体协商指导员和职工协商代表的区别主要体现在以下几个方面：

（1）产生方式不同

职工协商代表一般由本单位工会选派或由本单位职工民主推荐产生。工资集体协商指导员一般由地方工会委派，受职工方首席协商代表委托，参与工资集体协商。根据有关规定，其人数不得超过职工协商代表总数的三分之一，同时不能担任首席协商代表。

（2）主要职责不同

职工协商代表的职责主要是参加集体协商，接受本方人员质询，提供与工资集体协商有关的情况和资料，代表本方参加工资集体协商争议的处理，监督集体合同的履行，以及法律、法规和规章规定的其他职责。工资集体协商指导员的主要职责是指导、帮助基层工会代表职工与企业方进行集体协商，也可以作为职工方协商代表直接参与协商过程。工资集体协商指导员除在参与协商时需要履行上述职责外，还要承担政策咨询、法律援助、培训代表等职责。

（3）具体优势不同

职工协商代表作为企业职工，对企业实际情况与职工诉求比较熟悉。工资集体协商指导员则在能力素质、专业背景、实践经验等方面比职工协商代表具有更大的优势。

（4）与企业方的关系不同

职工协商代表受雇于企业，与企业存在劳动关系，在工资集体协商中可能会有所顾虑，从而会影响工资集体协商的效果。工资集体协商指导员一般来自于企业之外，与企业没有劳动关系和直接利益关系，没有后顾之忧，可以全力投入到工资集体协商中，为职工争取权益。

28. 工资集体协商指导员应当履行哪些义务？

工资集体协商指导员应当履行以下义务：

（1）认真执行国家收入分配政策，坚持客观、公正、维护企业整体利益与维护职工合法权益相一致的原则。

（2）真实反映所代表职工方的意愿，维护所代表职工方合法权益，及时与所代表职工方沟通情况。

（3）对企业工资集体协商中产生的矛盾，认真负责地进行调解，避免突发性事件和冲突事件发生，并及时向上级组织报告，维护正常的生产、工作秩序和社会稳定。

（4）严格保守商业秘密，不得向外界泄露工资集体协商中涉及的有关秘密信息。

（5）主动接受各级总工会的业务指导，定期汇报工作情况，积极参加业务培训。

（6）总结研究在参加和指导工资集体协商中的新情况、新问题，及时向有关业务部门提出对策建议。

29. 工资集体协商指导员如何履行好职责?

工资集体协商指导员要履行好自身职责，应注重把握好以下几点：

（1）明确自身工作职责

建立专家型的工资集体协商指导员队伍，由地方工会聘请熟悉法律法规和工资政策、有一定企业管理知识和协商能力的专门人才和工会干部，担任工资集体协商专家指导员，承担培训、咨询、指导和参与协商、监督检查等职责。

（2）依法推进工资集体协商

工资集体协商作为一种协调劳动关系的法定制度，必须具有规范的操作要求。受委托担任职工方协商代表，严格遵循工资集体协商的程序，保证工资集体协商的公平性、合法性、实效性。

（3）指导运用策略技巧

在指导开展工资集体协商中，工资集体协商指导员应当了解掌握双赢策略、重点切入策略、适度妥协策略、留有余地策略、休会策略、借用外力策略等策略技巧，同时有效指导协商代表在实践中运用好这些策略技巧。

30. 工资集体协商指导员的自身定位是什么?

工资集体协商指导员要完成好肩负的重要任务，必须明确自身的定位，在推动工资集体协商中当好宣传员、发动员、指导员、商谈员、信息员。

（1）当好宣传员

要深入宣传法律法规、政策，宣传对象既包括企业的经营者，也包括企业的职工，使企业和广大职工认识到工资集体协商为企业发展和职工权益带来的实实在在的好处，增强企业建立工资集体协商制度的主动性和积极性。

（2）当好发动员

要深入企业发动开展工资集体协商，做深入细致的说服、动员工作，特别让未建制的企业都来建立工资集体协商制度；调动广大职工的参与热情，让广大职工知晓并积极参与工资集体协商全过程。

（3）当好指导员

要指导企业依法按程序开展工资集体协商工作，积极主动开展工资集体协商要约，规范协商的各个环节，培养一批懂政策、精业务、能协商的协商代表，成为开展工资集体协商工作的行家里手。

（4）当好商谈员

工资集体协商指导员可受企业工会的委托、受上级工会的指派，作为职工方工资集体协商正式代表到企业参加工资集体协商，处在工资集体协商的第一线，不仅要敢谈，还要善谈、会谈，谈出成果，谈出成效。

（5）当好信息员

要把职工的呼声、企业遇到的问题，及时向聘任的工会组织反映和反馈，同时也把上级工会的主张向下传达，进行信息交流，通过信息的畅通，推动工资集体协商工作的顺利开展。

31. 工资集体协商指导员需要具备什么素质？

（1）政治素质

拥护并坚决贯彻执行党的路线方针政策，具有饱满的政治热情和全心全意为职工服务的精神，热爱工资集体协商工作。

（2）道德素质

具有一定的思想道德觉悟和良好工作作风，公道正派，敢于和善于为职工说话办事，真正做到公正履职。

（3）业务素质

具备相应的文化程度，熟悉工资集体协商相关法律知识、国家的工资指导方针和政策法规、工资相关概念和基本知识、财务报表基本知识。着力加强法律法规的学习和实际运用，加强对市场经济知识的理解和把握。

（4）能力素质

具备调查研究反映职工意见要求的能力，协调内部利益矛盾、维护职工合法权益的能力，较强的文字和语言表达、阐述问题的能力，监督工资专项集体合同履行的能力。

（5）心理素质

具备良好的心理素质，掌握高超的协商技巧，熟练运用协商策略，善于沟通协调。

32. 工资集体协商指导员在协商过程中应注意什么问题？

（1）要避免两种倾向

一是应警惕对方代表采用温和态度的心理战术并避免其消极影响；二是要防止因对方代表持强硬态度，对我方代表施加压力而降低协商要求的现象。

（2）要及时同职工或职工代表沟通

协商谈判的进展情况要及时通报职工或职工代表，取得职工群众的支持和理解。

（3）要整理好协商结果

每次协商会议结束后，协商记录都要由双方参加协商的代表或首席代表签字，然后委派一个人整理协商结果，这个人可以是劳方的也可以是企业方的。协商结果的整理力求条款式，语言要简明，协商结果整理完后，双方所有的协商代表，无论是否参加协商的代表都要在协商结果上签字，认同和接受协商结果。经双方协商代表签字了的协商结果具有法律效力，企业和劳方都应该遵守。一个信誉良好的企业会较好地履行协商结果，当然有时也会遇到不履行协商结果的企业，此时作为工会方，对监督协商结果的履行负有责任。

（4）拓宽谈判思路

谈判增加工资的思路很多，我们不要仅仅局限在“职工工资随着企业经济效益增长而增长”的框框里，物价指数的升高、同类企业的工资对比等都可以作为要求增加工资的理由。

（5）接受上级工会和政府部门的支持和帮助

基层工会进行工资集体协商前后，要主动向上级工会汇报有关情况，争取上级工会的指导和帮助。特别是当协商未达成一致意见或出现事先未预料到的情况时，一方面，可经双方同意暂时中止协商，协商中止期限最长不得超过30天，具体中止期限及下次协商的时间、地点和内容由双方共同商定；另一方面，可向劳动行政部门提出协调处理书面申请。

33. 工资集体协商指导员应处理好哪些关系？

（1）处理好各方利益分配关系

推行工资集体协商，必须妥善处理好各方利益分配关系，依法保障职工的劳动报酬权益，努力实现互利共赢。

要妥善处理这几种利益关系：①出资人、经营者与职工之间的关系；②企业科技管理人员与一般职工之间的关系；③不同层次、不同岗位工种职工之间的关系；④持股职工与未持股职工之间的关系；⑤按劳分配与按其他生产要素分配之间的关系；⑥工资分配与企业经济性裁员、再就业安置、保险福利之间的关系。要努力做到统筹兼顾、科学合理、公平公正。

实行岗位工资制的企业，要把确定和调整岗位工资标准作为协商重点；实行计件工资制的企业，要通过协商合理确定工人的劳动定额和计件单价；实行股份制的企业，要正确处理工资分配、股息红利与劳动分红之间的比例关系，防止利润侵蚀工资或工资分配侵蚀利润；实行经营者年薪制的企业，要根据企业实际情况合理确定企业经营者与职工的工资分配关系，既要充分体现对经营管理者劳动的肯定和激励作用，又要切实保证职工工资收入随经济效益的提高而逐步增加。

（2）处理好与聘用工会组织的关系

要自觉接受聘用工会组织的领导；自觉遵守履行岗位职责的各项制度、纪律要求；工作进展情况和遇到重要问题、特殊情况时要及时请示、汇报；积极调研思考和提出推进工作的意见建议。

（3）处理好与所代表企业职工的关系

要紧紧依靠企业工会组织和工会积极分子，紧密联系所代表的职工群众，深入了解、努力代表和表达职工关于工资集体协商的意见要求，竭诚为基层工会干部和职工维权、服务，同时，注意做好宣传、解释、情况通报工作。

（4）处理好与企业方代表的关系

要积极争取企业党组织的重视和支持，主动沟通、努力取得行政方的理解与合作；要善于宣传、及时协调、态度坦诚；要坚持非正式协商与正式协商相结合，力争达成共识；要换位思考，秉持互利共赢的理念。

34. 工资集体协商指导员应掌握哪些企业管理知识？

为了提高工资集体协商指导员开展工资集体协商的能力水平，工资集体协商指导员应当尽可能地掌握一些企业管理的相关知识。具体来讲，工资集体协商指导员主要应该掌握以下几个方面的企业管理知识：

（1）现代企业管理基础知识；

（2）企业生产计划、生产运作及现场管理方面的知识；

（3）人力资源管理方面的知识，包括劳动组织、劳动定额、劳动定员、劳动保护、员工培训、劳动合同、社会保险、规章制度、劳动工资、休息休假等；

（4）市场分析与营销管理方面的基本知识；

（5）财务报表基本知识。

35. 工资集体协商指导员应掌握哪些法律法规及政策？

为了提高工资集体协商指导员开展集体协商的能力水平，工资集体协商指导员应当全面掌握相关的法律法规和政策。具体来讲，工资集体协商指导员除了应熟悉和掌握《劳动法》《劳动合同法》《工会法》《劳动争议调解仲裁法》及其配套法规之外，还应该了解以下规章政策：《集体合同规定》《工资集体协商试行办法》《外商投资企业工资集体协商的几点意见》《关于开展区域性行业性集体协商工作的意见》《关于进一步推进工资集体协商工作的通知》《最低工资规定》《工资支付暂行规定》《关于实施最低工资保障制度的通知》《关于职工全年月平均工作时间和工资折算问题的通知》《企业职工带薪年休假实施办法》《关于深入推进集体合同制度实施彩虹计划的通知》《工会参加工资集体协商的指导意见》《中华全国总工会关于建立集体协商指导员队伍的意见》《中华全国总工会关于开展集体协商要约行动的意见》《中华全国总工会关于积极开展行业性工资集体协商工作的指导意见》《中华全国总工会关于加强专职集体协商指导员队伍建设的意见》等。

36. 工会加强工资集体协商指导员队伍建设有哪些新举措?

《中华全国总工会深化集体协商工作规划(2014—2018年)》提出了加强工资集体协商指导员队伍建设的新举措。

(1) 扩大工资集体协商指导员队伍规模

加强专(兼)职工资集体协商指导员队伍建设,突出抓好专职工资集体协商指导员队伍建设,严格落实《中华全国总工会关于加强专职集体协商指导员队伍建设的意见》(总工发〔2012〕45号)要求,按照省级总工会2~3人,地市级总工会不少于3人,县级总工会2~3人的标准,分级配齐符合聘任条件的专职工资集体协商指导员。有条件的地方,可结合本地实际逐步扩大聘用规模。

(2) 加强工资集体协商指导员队伍管理使用

省级总工会要制定完善工资集体协商指导员队伍管理办法,加强对工资集体协商指导员的管理调配使用。及时安排部署工作、交流通报情况、研究解决问题、组织集中述职;科学合理确定工资集体协商指导员工作目标任务,使工资集体协商指导员权责对应,职责落实到位;建立科学的考核标准和办法,根据定期考核情况决定续聘、解聘或调整工作,对工作业绩特别突出的工资集体协商指导员给予适当的精神鼓励或物质奖励。

(3) 加大工资集体协商指导员队伍建设保障力度

县级以上地方工会要列支专项经费,保障专职工资集体协商指导员队伍建设,确保经费投入根据本地区经济社会发展情况,随队伍规模、工作水平的提高而同步提高。有条件的地方，可积极稳妥探索为工资集体协商指导员开展工作给予更为有力的支持和保障的方式方法。

（4）建立健全专家指导机构

各级地方总工会根据工作需要，逐步建立健全工资集体协商专家顾问组（团）、指导组（团）等专家指导机构，吸纳相关专家学者定期参与工资集体协商政策咨询、业务指导、巡讲培训、调查研究等工作。有条件的地方，可以积极争取财政专项资金，向工会外部的相关专家和专业机构购买有关工资集体协商工作的专业服务。

三 工资集体协商的内容

37. 什么是工资？

工资是指用人单位以货币形式支付给劳动者的劳动报酬。工资是生产成本的重要部分。在政治经济学中，工资本质上是劳动力的价值或价格。在我国工资集体协商实践中，协商内容既包括狭义的工资，还包括福利、实物等工资外的劳动收入。

与工资联系比较紧密的另一个概念是“劳动报酬”。劳动报酬是劳动者付出体力或脑力劳动所得的对价，体现的是劳动者创造的社会价值。用人单位支付给劳动者的全部报酬包括三部分：一是货币工资，用人单位以货币形式直接支付给劳动者的各种工资、奖金、津贴、补贴等；二是实物报酬，即用人单位以免费或低于成本价提供给劳动者的各种物品和服务，包括实物、福利、带薪休假等；三是社会保险，指用人单位为劳动者直接向政府和保险部门支付的失业、养老、医疗工伤等保险金。

38. 我国企业工资分配制度改革的基本思路是什么？

（1）市场机制调节

市场机制调节是指充分发挥市场机制在工资决定中的基础性调节作用。市场机制调节有以下特征：第一，劳动力价格受市场供求关系的影响，通过竞争规律的作用形成社会平均工资水平，为劳动者和企业协商确定工资提供重要参考依据；第二，企业工资水平围绕社会平均工资水平上下波动，其差别大小由本企业的经济效益决定，但差异不能过大；

第三，劳动、资本、技术、管理等生产要素也要按照市场规律和贡献大小进行分配。工资集体协商是劳动力市场竞争调节的社会反映。

（2）企业自主分配

企业自主分配是指企业作为市场经济中的独立经济实体，拥有自主决定工资收入分配的权利。一般竞争性企业可以根据生产经营特点、经济效益和国家有关的法律法规政策，通过集体协商自主决定工资总额、工资水平和工资制度等工资分配事项；特殊性行业，其企业的工资总额或者平均工资由政府直接加以调控，企业内部分配应通过集体协商自主决定。在市场机制的调节下，企业自主决定工资水平时，应参考整个社会及同行业其他企业的工资水平。

（3）平等协商确定

平等协商确定是指建立企业和职工双方进行工资集体协商的机制，企业与职工双方通过工资集体协商、签订工资协议，确定企业工资分配事项。

（4）政府监督指导

政府监督指导是指国家在市场调节的基础上，建立适应市场经济要求的企业工资分配宏观调控体系，实现政府职能的转变，即从直接调控向间接调控转变，从工资总额调控向工资水平调控转变，从行政手段向经济和法律手段转变。政府通过建立最低工资保障制度、工资支付制度和工资集体协商制度等法律法规，规范企业工资分配行为；通过建立劳动力市场工资指导价位、工资指导线和人工成本预测预警等制度，加强对企业工资分配的指导和监控。

39. 我国有哪些工资宏观调控制度？

（1）政企分开、分级分类管理体制

①政企分开

从 1985 年起，机关事业单位的工资改革和工资调控仍由国家统一安排。企业与国家机关事业单位的工资改革和工资调整脱钩。企业员工的工资增长主要依靠企业劳动生产率和经济效益的提高，国家不再统一安排企业职工工资改革和工资调整。

②分类管理

对于机关事业单位，中央只管理省和中央两级机关以及全国性的重点大专院校和科研、文化、卫生事业单位，其他各级机关和事业单位归省、自治区、直辖市管理。企业的工资由地区和产业部门管理。

③工资分类管理

工资分类管理是指对不同企业在政策上进行分类指导，实行相应的调控办法。

国家对国有企业工资分配总额和水平进行调控。产权多元化、内部法人治理结构完善的股份有限公司和有限责任公司，按照“两低于”原则，自主决定工资总量和工资水平，依法进行工资分配。

对于非国有企业，按照国家有关法律、法规和政策规定，企业自主进行工资分配。工会组织或职工代表大会健全的企业，应实行工资集体协商制度。

（2）最低工资保障制度

《劳动法》第四十八条规定：“国家实行最低工资保障制度。最低工资的具体标准由省、自治区、直辖市人民政府规定，报国务院备案。用人单位支付劳动者的工资不得低于当地最低工资标准。”根据《最低工资规定》的相关规定，最低工资标准是指劳动者在法定工作时间或依法签订的劳动合同约定的工作时间内提供了正常劳动的前提下，用人单位依法应支付的最低劳动报酬。其中，正常劳动是指劳动者按依法签订的劳动合同约定，在法定工作时间或劳动合同约定的工作时间内从事的劳动。劳动者依法享受带薪年休假、探亲假、婚丧假、生育（产）假、节育手术假等国家规定的法定假日期间，以及法定工作时间内依法参加社会活动期间，视为提供了正常劳动。

最低工资制度属于社会保障制度范畴，实施以来，有效地保障了劳动者的劳动权益和基本生活，有利于构建和谐的劳动关系，有利于政府发挥宏观调控职能。

（3）劳动力市场工资指导价位

劳动力市场工资指导价位是指政府有关部门对各类职业（工种）工资水平进行广泛调查，经过汇总、分析和修正，公布有代表性的职业（工种）的工资指导价位，以规范劳动力市场供需双方的行为，从微观上指导企业合理确定劳动者个人工资水平和各类人员的工资关系。

建立劳动力市场工资指导价位制度是市场经济国家的通行做法，是国家对企业工资分配进行指导和间接调控的一种方式，并有利于指导企业根据劳动力供求状况和市场价格，形成企业内部科学合理的工资分配关系。

政府发布的劳动力市场工资指导价位一般有三个水平：高位数、中位数、低位数，即最高工资水平是多少，一般工资水平是多少，最低工资水平是多少。劳动力市场工资指导价位是工资集体协商的重要参考指数。

（4）企业工资指导线制度

企业工资指导线，又叫工资增长指导线，是指政府根据当年经济发展调控目标，向企业发布的年度工资增长水平的建议，工资指导线只是企业决定工资的参考系，对企业并没有强制性。其目的是指导企业合理确定企业工资水平，为工资集体协商提供重要依据，并且是国有企业实现工资总额管理的重要手段。

工资指导线测算指标主要包括国内生产总值的增长率、地方的劳动生产率、居民消费价格指数等。

企业工资指导线由基准线、上线（又称为预警线）和下线构成。

2014 年 6 月 17 日，全国共有北京、天津、湖北、山东、山西、陕西、河南、新疆、四川、辽宁等共 10 个省（区、市）发布了 2014 年的企业工资指导线。其中，河南和新疆的基准线最高，均为 15%；湖北的基准线最低，为 10%。与 2013 年相比，多地工资指导线的涨幅出现了下调。

（5）人工成本预测预警制度

人工成本是指企业在一定时期内从事生产、经营和提供劳务的活动中，因使用劳动力而发生的各项直接和间接人工费用的总和。

人工成本预测预警制度是指政府有关部门通过调查、收集、整理社会人工成本信息，定期（一般每年一次）公开发布，并对人工成本偏高的企业进行预警预报，指导企业加强人工成本管理、合理确定人工成本水平。

人工成本预警预测制度是政府对企业人工成本管理和工资分配进行间接调控的一种方式，是企业工资宏观调控体系的重要组成部分，有利于企业加强人工成本管理，促进企业内部分配自我约束机制的形成，也有利于调节行业间、企业间的分配关系。

建立人工成本预测预警制度必须做好人工成本统计分析、人工成本预测和人工成本预警等三个方面的基本工作。

（6）工资集体协商制度

工资集体协商制度亦是政府监控指导企业收入分配的主要方式之一。

40. 什么是工资总额?

根据《关于工资总额组成的规定》的相关规定，工资总额是指各单位在一定时期内直接支付给本单位全部职工的劳动报酬总额。工资总额的计算应以直接支付给职工的全部劳动报酬为根据。工资总额由计时工资、计件工资、奖金、津贴和补贴、加班加点工资、特殊情况下支付的工资六个部分组成。

不列入工资总额的范围有：根据国务院发布的相关规定颁发的发明创造奖与自然科学奖、科学技术进步奖和支付的合理化建议和技术改进奖以及支付给运动员、教练员的奖金；有关劳动保险和职工福利方面的各项费用；有关离休、退休、退职人员待遇的各项支出；劳动保护的各项支出；稿费、讲课费及其他专门工作报酬；出差伙食补助费、误餐补助、调动工作的旅费和安家费；对自带工具和牲畜来企业工作职工所支付的工具与牲畜等的补偿费用；实行租赁经营单位的承租人的风险性补偿收入；对购买本企业股票及其债券的职工所支付的股息（包括股金分红）和利息；劳动合同制职工解除劳动合同时由企业支付医疗补助费及生活补助费等；因录用临时工而在工资之外向提供劳动力单位支付的手续费或管理费；支付给家庭工人的加工费及其按加工订货办法支付给承包单位的发包费用；支付给参加企业劳动的在校学生的补贴；计划生育独生子女补贴。

41. 哪些收入不属于工资范围？

根据《关于贯彻执行〈中华人民共和国劳动法〉若干问题的意见》的相关规定，劳动者的以下劳动收入不属于工资范围：

（1）单位支付给劳动者个人的社会保险福利费用，如丧葬抚恤救济费、生活困难补助费、计划生育补贴等；

（2）劳动保护方面的费用，如用人单位支付给劳动者的工作服、解毒剂、清凉饮料费用等；

（3）按规定未列入工资总额的各种劳动报酬及其他劳动收入，如根据国家规定发放的创造发明奖、国家星火奖、自然科学奖、科学技术进步奖、合理化建议和技术改进奖、中华技能大奖等，以及稿费、讲课费、翻译费等。

42. 什么是“无故拖欠”工资？

在原劳动部1995年颁布的《对〈工资支付暂行规定〉有关问题的补充规定》指出，“无故拖欠”系指用人单位无正当理由超过规定付薪时间未支付劳动者工资。不包括：（1）用人单位遇到非人力所能抗拒的自然灾害、战争等原因、无法按时支付工资；（2）用人单位确因生产经营困难、资金周转受到影响，在征得本单位工会同意后，可暂时延期支付劳动者工资，延期时间的最长限制可由各省、自治区、直辖市劳动行政部门根据各地情况确定。其他情况下拖欠工资均属无故拖欠。

43. 企业内部工资分配的主要内容是什么？

（1）合理确定可供职工分配的工资总额

确定企业的工资总额，要遵循和体现“两低于”原则，把企业的人工费用控制在合理的人工费用比率之内。

（2）建立健全企业内部工资工作体系

企业内部工资工作体系由劳动定额、工资等级制度和工资形式三部分组成。

劳动定额是劳动者生产单位产品或完成一定工作量应该消耗的劳动量，它是正确计量劳动者劳动数量的标准尺度。

工资等级制度是依据劳动差别、确定工资标准的一种工资制度。它在工资分配中居主导地位，是企业工资制度的核心和基础。

工资形式是工资制度的重要内容之一，它是指对劳动者实际付出量和相应劳动报酬所得量进行具体计算与支付的方法，工资形式规定着劳动状况和劳动报酬量之间的比例关系。

（3）做好人工费用的计划、统计分析工作

做好包括工资在内的人工费用的事前计划，以及事中、事后统计分析工作，做到事前计划周密，在计划执行过程中，随时检查执行情况，一个生产经营周期结束，应根据统计结果，进行全面系统的分析。

44. 企业工资分配的基本原则是什么？

《劳动法》第四十六条规定："工资分配应当遵循按劳分配原则，实行同工同酬。工资水平在经济发展的基础上逐步提高。国家对工资总量实行宏观调控。"

（1）按劳分配

按劳分配是指把劳动量作为个人消费品分配的主要标准和形式，按照劳动者的劳动数量和质量分配个人消费品，多劳多得，少劳少得。在企业工资分配中贯彻按劳分配原则，需要建立合理的工资制度，全面反映劳动者劳动数量和质量。

（2）同工同酬

同工同酬是指用人单位对于技术和劳动熟练程度相同的劳动者在从事同种工作时，不分性别、年龄、民族、区域等差别，只要提供相同的劳动量，就获得相同的劳动报酬。

（3）在经济发展基础上逐步提高工资水平

贯彻在经济发展基础上逐步提高工资水平的原则，首先，应该树立"逐步提高工资水平"的观念；其次，提高工资水平应建立在经济增长和劳动生产率提高的基础上。

（4）在宏观政策指导下进行改革

企业内部工资分配必须在宏观分配政策的控制指导下进行。如《国有企业转换经营机制条例》提出"两低于"原则：一是工资总额增长速度应低于经济效益增长速度；二是平均工资增长速度应低于劳动生产率增长速度。以各种工资制度和各种形式发放工资，不超过按国家规定提取的企业工资总额。

（5）依法自主分配与民主监督

企业拥有分配自主权，《劳动法》第四十七条规定："用人单位根据本单位的生产经营特点和经济效益，依法自主确定本单位的工资分配方式和工资水平。”

企业分配也要接受民主监督，《企业民主管理规定》就关于职工代表大会行使职权提出：“审议企业制定、修改或者决定的有关劳动报酬、工作时间、休息休假、劳动安全卫生、保险福利、职工培训、劳动纪律以及劳动定额管理等直接涉及劳动者切身利益的规章制度或者重大事项方案，提出意见和建议。”

45. 企业工资的支付办法有哪些？

市场经济条件下，企业工资支付办法主要包括：支付项目、支付形式、支付对象、支付时间等内容。工会要与企业就工资支付时间、支付方式、支付项目以及拖欠支付时给予补偿的标准等内容进行协商。如果劳动者在法定工作时间内提供了正常劳动，企业必须按照双方约定的日期按时足额支付劳动者工资，不得克扣或者无故拖欠劳动者的工资。

工资应当以法定货币支付，不得以实物及有价证券替代货币支付，用人单位可委托银行代发工资。工资应当按照用人单位与劳动者约定的日期按月支付。如遇节假日或休息日，则应提前在最近的工作日支付。对于实行小时工资制、日工资制和周工资制的人员，工资也可以按小时、日或周支付。对于完成一次性临时劳动或某项具体工作的劳动者，用人单位应按有关协议或合同规定在其完成劳动任务后即支付工资。劳动关系双方依法解除或终止劳动合同时，用人单位应在解除或终止劳动合同时一次付清劳动者工资。

46. 在哪些特殊情况下，用人单位仍应支付劳动者工资？

（1）劳动者在法定工作时间内依法参加社会活动期间，用人单位应视同其提供了正常劳动而支付工资；

（2）劳动者依法享受年休假、探亲假、婚假、丧假期间，用人单位应按劳动合同规定的标准支付劳动者的工资；

（3）非因劳动者原因造成单位停工、停产在一个工资支付周期内的，用人单位应按劳动合同规定的标准支付劳动者工资。超过一个工资支付周期的，若劳动者提供了正常劳动，则支付给劳动者的劳动报酬不得低于当地的最低工资标准；若劳动者没有提供正常劳动，应按国家有关规定办理。

47. 什么是等级工资制？

等级工资制，即根据工作的复杂程度、繁重程度、风险程度、精确程度等因素将各类工作进行等级划分并规定相应的工资标准的一种工资制度。它在工资分配中居于主导地位，是其他工资制度的基础，主要包括：

（1）技术等级工资制

即按照职工所达到的技术等级标准确定工资等级，并按照确定的等级工资标准支付劳动报酬的一种制度。

（2）岗位等级工资制

即根据劳动条件、技术要求、劳动责任、劳动强度等要素的差异对劳动岗位进行分类，并在同一岗位内部按技术复杂程度划分等级，从而确定职工工资收入的一种基本工资制度。

（3）职能等级工资制

即根据职工所具备的与完成某一特定岗位等级工作所要求的工作能力等级来确定工资等级的一种工资制度。

48. 什么是结构工资制？

结构工资制是指基于工资的不同职能，将工资总额划分为若干相对独立的工资单元，各单元又规定不同的结构系数，组成有质的区别和量的比例关系的工资制度。结构工资制的构成一般包括六部分：基本工资、岗位工资、绩效工资、技能工资、浮动工资、年功工资。

49. 什么是岗位技能工资制?

岗位技能工资制，即以按劳分配为原则，以劳动技能、劳动责任、劳动强度和劳动条件等基本劳动要素评价为基础，以岗位和技能为主要内容的企业基本工资制度。从本质上说，岗位技能工资制也是结构工资中更为规范的一种具体形式。与其他结构工资制形式不同的是，岗位技能工资制建立在岗位评价的基础上，它突出了工资中岗位与技能这两个结构单元的特点，更有利于贯彻按劳分配原则，更能调动职工提高技术和业务水平的积极性。

50. 什么是岗位薪点工资制?

岗位薪点工资制是指在对岗位的劳动责任、劳动技能、劳动强度和劳动条件评价的基础上，用点数和点值来确定职工实际劳动报酬的一种工资分配制度。薪点工资制是在企业工资改革实践中创造的一种工资模式，实际操作灵活，受到一些企业青睐。

51. 什么是绩效工资制?

绩效工资制，即将职工的工资与个人工作业绩挂钩的一种工资制度。它有利于将职工工资与可量化的业绩挂钩，将激励机制融于组织目标和个人业绩的联系之中；有利于工资分配向业绩优秀者倾斜，提高企业经济效益。

52. 什么是提成工资制？

提成工资制是企业实际销售收入减去成本开支和应缴纳的各种税费后，剩余部分在企业和职工之间按不同比例分成。提成的方式主要有全额提成和超额提成两种。

53. 什么是工资分配形式？

工资分配形式，也叫工资形式，是对职工实际劳动付出量和相应劳动报酬所得量进行具体计算与支付方法。目前企业常用的工资分配形式有计时工资、计件工资、浮动工资、定额工资、奖金、津贴和补贴等。正确选择工资分配形式，对于实现工资分配的公平、公正，充分发挥工资的各项职能，促进经济社会发展，都具有十分重要的意义。因此，在工资集体协商中，协商双方都很重视这一问题。

54. 什么是计时工资制？

计时工资制是根据劳动者本人技术、业务等级水平，或者劳动者所在岗位、职务的劳动等级，预先规定相应的工资标准，按照劳动者的实际有效工作时间计付工资的形式。它是最基本的工资形式之一。根据计时工资对劳动报酬计算的时间单位不同，可分为小时工资制、日工资制、月工资制和年薪制等具体形式。我国主要实行的是月工资制。

55. 计时工资制有哪些特点？

计时工资制的基本特点是对劳动的计量以时间来表示，劳动者的工资取决于本人的工资标准和实际劳动的持续时间。在计时工资形式下，职工所得工资数额同工作时间成正比。其特点是：

（1）计时工资制主要取决于劳动者本人技术业务水准或本人所在岗位（职务）相应的工资标准，而不直接取决于工作物或劳动对象的技术业务水准。

（2）计时工资制强调员工本人技术业务水准的高低，因此，有利于激励员工努力学习科技文化和业务知识，不断提高自己的技术业务水平和劳动熟练程度，提高劳动工作质量。

（3）计时工资制的内容和形式简便明确，便于计算和管理。

（4）计时工资制不致使员工工作情绪过度紧张，且工资收入水平取决于既定的工资标准，有较大的稳定性，因此对员工收入、生活水平、及身心健康有较大的保障性。

但是，由于计时工资制只能反映员工的技术熟练程度、劳动繁重程度和劳动时间长短的差别，不能全面反映同等级员工在同一工作时间内支付劳动量和劳动成果的差别，在一定程度上易造成平均主义。所以，企业在实行计时工资制时，普遍实行奖励制度，以弥补计时工资制的不足。

56. 计时工资制的适用范围有哪些？

计时工资制的适应性强，适用范围广泛，任何部门、任何单位和各类工种、岗位均可采用。其中，最适用于以下工作或行业：

（1）劳动量难以直接准确计量的工作。如机关事业单位、企业的管理人员、技术人员、辅助工作人员等。

（2）机械化、自动化水平较高、技术性强、操作复杂，产品需要经过多道工序、多道操作才能完成，不易单独计算个人劳动成果的行业和工种。

（3）产品质量重于数量，质量取决于个人技术水平高低的工作。如稀有产品的生产、工艺美术品的生产等。

（4）生产规模小或生产场所比较集中，便于监管的场合。如产品、经营项目和生产条件多变的企业。

57. 计时工资制有哪些形式？

按照《劳动法》第五十一条的规定，法定节假日用人单位应当依法支付工资，即折算日工资、小时工资时不剔除国家规定的 11 天法定节假日。

（1）工作时间的计算

年工作日：365 天 − 104 天（休息日） − 11 天（法定节假日） = 250 天

国家法定假日包括：元旦、清明节、五一、端午节、中秋节各 1 天，春节、国庆节各 3 天。

季工作日：250 天 ÷ 4 季 = 62.5 天/季

月工作日：250 天 ÷ 12 月 = 20.83 天/月

（2）月工资、日工资、小时工资的折算

①月工资制，即按照劳动者等级工资制的工资标准来计发工资。企业职工如果出满勤，则按月工资标准支付工资；缺勤则按实际缺勤天数或小时数减发工资。如果加班加点，则发相应的加班日工资或加点小时工资。

月计薪天数 =（365 天 − 104 天）÷ 12 月 = 21.75 天

②日工资制，即根据劳动者的日工资标准和实际工作日数来计算工资。

日工资 = 月工资收入 ÷ 月计薪天数（21.75 天）

③小时工资制，即按照小时工资标准和实际工作的小时数来计算工资。小时工资标准按日工资标准除以日法定工作时数求得。

小时工资 = 日工资收入 ÷ 8 小时

月工资制、日工资制和小时工资制各有一定的适用范围。月工资制由于计算方便，适用范围较广，在我国企业得到普遍运用。日工资制则适用于那些生产任务变动频繁，职工流动性大的企业、工种，特别是适用于企业的临时工。小时工资制目前在我国企业中实行较少，但是随着劳动制度的进一步改革，某些企业实行了弹性时间工作制，一部分职工的劳动时间不稳定，往往一天中变化都很大，即需要采用小时工资制。

58. 如何通过协商完善计时工资制的管理?

为了有效地实行计时工资制，发挥其优势，对于计时工资制的弊端和局限性，应通过工资集体协商尽可能地解决，工会应该要求企业行政做好以下工作：

（1）必须严格地按照编制定员和业务技术标准，为实行计时工资制的每个职工确定岗位、职务或者评定技术（业务）等级，建立健全考勤制度，对职工的实际工作时间进行严格的监督与统计。同时，还应对职工的技术（业务）水平进行考核，根据考核结果，在支付计时工资时做到奖优罚劣、奖勤罚懒，以更好地体现按劳分配原则。要加强思想政治工作，教育职工树立正确的劳动观点，增强主人翁责任感，在正常工作时间内，提高工作效率和工作质量，努力完成任务。

（2）进一步改进计时工资制，把计时工资制与一定数量的定额任务紧密结合起来。具体办法是，对工人规定劳动定额，对干部规定岗位责任制与工作量任务。凡完成任务者，可以按计时工资标准支付工资；对未完成任务者，按一定比例减发计时工资。

（3）将计时工资制与多种形式的经济责任制紧密结合起来。计时工资制还应同建立健全以承包为主的多种形式的经济责任制结合起来，使职工的计时工资不仅取决于本人在一定工作时间内创造的劳动成果，还取决于企业的经营成果。职工付出同样的劳动，企业盈利，其计时工资额就可以高一些；企业亏损，其计时工资额就要降低一些。这样，就可以更好地体现多劳多得、少劳少得的分配原则，有利于调动职工的劳动积极性。

（4）实行计时工资制应有其他工资形式作为补充。在实行计时工资制的同时，对于劳动者在劳动熟练程度、技术水平、劳动贡献等方面的提高，或者超额完成任务则应以奖金形式予以奖励。把计时工资制与浮动工资制或定额工资制结合起来，根据职工实际提供的劳动数量和质量，浮动发放计时工资，使计时工资制更加完善。

59. 什么是计件工资制？

计件工资制是企业按照劳动者生产的合格产品的数量和预先规定的计件单价来计发工资的一种形式。它不直接用劳动时间来计量，而是用一定时间内的劳动成果，即生产的产品数量来计算的，因而是计时工资制的转化形式。计件工资制最为显著的特点和优点是，这一工资形式着眼于凝结的或物化的劳动形态，以职工生产的合格产品的数量来确定劳动报酬，将劳动报酬与劳动成果最直接、最紧密地联系在一起，使职工的工资与职工创造的劳动成果直接挂钩。因此，它能充分调动劳动者的积极性，更好地贯彻按劳分配原则。目前，我国大部分企业采用的是计件工资形式。

60. 实行计件工资制应具备什么条件？

实行计件工资制应具备以下条件：

（1）能准确计量产品数量，并能正确反映个人支出的劳动量，机械化、自动化程度低；

（2）有明确的产品质量标准，并能准确检验；

（3）产品的数量和质量主要取决于工人主观努力；

（4）具有先进合理的劳动定额和较健全的原始记录；

（5）生产任务饱满，原材料、燃料、动力供应和产品销路正常，并需要鼓励其增加产量。

61. 计件工资制的形式有哪些？

计件工资制的具体形式主要有以下几种：

（1）无限计件工资制

无限计件工资制是指职工不论完成定额多少，均直接按同一的计件单价计算工资，超额不受限制。实行无限计件工资制的工人，计件期间不再领取本人标准工资。在计件单价已经确定的情况下，工人应得的工资同完成产量定额程度成正比，同单位产品实耗工时成反比，多劳多得，对促进工人发挥主观能动性，提高劳动效率有较强的作用。

一般来说，生产短线产品（包括零部件），生产的连续性、协作性要求不是那么严格，能够制定个人产量定额或工时定额，劳动成果可以单独统计，并且可以由一个人有效地完成的工作，都宜于实行这种形式。

其计算公式是：

实得计件工资 = 实际完成的合格产品数量 × 计件单价

例如：某工人在一个月内共生产合格产品 500 件，每件产品规定的计件单价为 5.5 元，实得计件工资为：

500 件 ×5.5 元 =2750 元

（2）有限计件工资制

有限计件工资制是指对实行计件工资制的职工规定超额工资不得超过本人工资标准的一定比例或金额的限制。超过限额不给计酬，也可采用计件单价累退办法。超额越高，计件单价越低。如超额 10% 以内，每件 1 元，超过 10% ~15%，每件 0.5 元；超过 15% 以上，每件 0.2 元。

实行这种形式，一般是由于管理水平低，定额不够先进，为防止超额过多而采取的一种限制办法，但是不利于提高个人的劳动积极性和劳动生产率，不宜长期采用。

其计算公式是：

最高计件工资额＝定额产量×计件超额最高限额百分比×计件单价

例如：某车间共有 10 名工人，月标准工资 15000 元，规定定额产量为 2500 小时，小时计件单价为 6 元，计件工资最高限额为标准工资的 130%，最高计件工资额为：

2500 小时×130% ×6 元＝19000 元

（3）超额计件工资制

超额计件工资制，又称分段计件工资制，是在劳动定额内，按计时发给标准工资，超额部分发给计件工资。超额计件工资制是计时工资和计件工资相结合的工资形式。

其计算公式是：

实得计件工资＝定额内应得标准工资＋超额部分应得计件工资

超额部分应得计件工资＝超定额产量×计件单价

例如：某工人月标准工资为 2000 元，实行超额计件工资，规定的定额产量为 200 件，计件单价为 15 元，实际完成定额 260 件，其实得计件工资为：

2000 元＋ 15 元×60 件＝2900 元

（4）累进计件工资制

累进计件工资制是指在完成合格产品的条件下，定额以内部分按正常计件单价计算工资，超额部分按照一种或几种在原计件单价基础上递增的计件单价计算工资。

累进计件工资激励作用大，能促进劳动生产率的较快提高。实行这种计件工资制时，必须制定先进合理的劳动定额和预先计算其经济效益。否则，定额偏低、超额过高，成本加大，造成工资基金增加过多，经济效益有可能达不到预期的目标。因此，实行累进计件工资制必须实行有技术根据的先进合理的劳动定额，计件单价的递增比例必须事先要有精确测算，以保证实现预期的经济效益目标。

其计算公式是：

实得计件工资 =（定额内部分 × 一般计件单价）+ ∑（超定额部分 × 累进计件单价）

例如：某厂规定完成产量定额 200 件以内，计件单价为 8 元；超额完成 1% ~10% 部分，累进计件单价 9 元；超额完成 10% ~20% 部分，累进计件单价 10 元；超额完成 20% 以上部分，累进计件单价 11 元，工人甲当月实际完成产量 250 件，其实得计件工资为：

（200 件 ×8 元）+（20 件 ×9 元）+（20 件 ×10 元）+（10 件 ×11 元）=2090 元

（5）间接计件工资制

间接计件工资制主要是对企业中某些辅助职工实行的计件工资形式。这类辅助职工不直接参加计件性的生产活动，但其为直接计件职工所提供的服务又是必不可少的，在一定程度上还制约和影响着直接计件职工的劳动成效。一般来说，可采取以下几种间接计件工资方式：①给辅助职工制定间接计件单价，然后按其所服务的对象的计件产品数量计发计件工资。②辅助职工领取相当于所服务计件职工单位时间的平均计件工资的收入。③以辅助职工所服务的计件职工在单位时间完成劳动定额的百分比决定辅助职工应该领取本人标准工资的数额。

（6）个人计件工资制

个人计件工资制，即按职工各自的劳动成果来计算工资的计件工资。

（7）集体计件工资制

集体计件工资制，即按照职工的集体劳动成果和集体计件单价计算应得的工资总额，然后在集体内各职工之间进行合理分配的计件工资。

集体计件工资是以工作队（组）为计算单位，工资取决于计件单位集体的劳动成果。一般有以下三种分配办法：①按照本人标准工资分配，即将集体所得的计件工资，按照成员个人日工资标准和实际工作天数进行分配。②按照实际工作天数平均分配，适用于工人技术熟练程度相差不大的情形。③定额部分，按照个人日标准工资和实际工作天数分配；超额部分，按照每个人实际工作天数分配。

（8）包工工资制

包工工资制是指把一定数量生产或工作任务，按预先规定完成工作的期限和工资总额，包给职工个人或集体的工资形式。这种工资形式能促使雇员缩短任务完成期，保质保量地完成任务，减少管理成本，适用于劳动量大，难以精确分解和必须集体进行的工作，如建筑、地质勘探、大型设备的安装与维修等以及一些因时间紧迫需要突击完成的性质单一的工作，如车站码头搬运等。

（9）提成工资制

提成工资制又称“拆帐工资制”或“分成工资制”，是一种按照企业的销售收入或纯利润的一定比例提取工资总额，然后根据职工的技术水平和实际工作量计发工资；也可以按照个人营业额和所创利润提取一定比例作为本人的工资。

62. 什么是浮动工资制？

浮动工资制也称非固定工资，一般指劳动者的工资随用人单位经营状况、效益高低和劳动者贡献大小等因素而上下浮动的工资核算形式。浮动工资总额通常不包括固定性的津贴和补贴（如副食品价格补贴）以及特殊情况下支付的工资。

63. 浮动工资的特点是什么？

浮动工资的特点是：

（1）职工劳动报酬的一部分或全部是浮动的，而不是固定不变的；

（2）工资浮动的直接依据是职工本人的劳动贡献大小；

（3）工资浮动还取决于企业（车间或其他经济核算单位）的经营收益状况，即经济效益如何。

64. 浮动工资的形式有哪些？

在我国企业中实行的浮动工资大体上有以下形式：

（1）工资浮动

工资浮动的基本做法是把职工的基本工资的一部分（或全部）与奖金捆在一起，随着企业经济效益的好坏和职工劳动成果的大小上下浮动。

①全额浮动

全额浮动是把职工的全部标准工资同奖金以及部分工资性津贴捆在一起，按企业的经营成果和各人完成或超额完成工作量的情况考核浮动发放。一般采用“三定”（定任务、定人员、定标准）、“三包”（包产量、包质量、包成本）的办法。实行全额浮动工资的企业是极少数。

②部分浮动

部分浮动是把职工标准工资的一部分拿出来和奖金捆在一起，随同企业经营成果和员工个人劳动贡献的大小而上下浮动。企业经营效果好，个人劳动贡献大，这部分工资就“水涨船高”；反之，就“水落船跌”。在实践中，有三种具体办法：一是按相对额浮动，即按同一百分比提取每个职工本人标准工资的一部分与奖金一起浮动；二是按同一绝对额浮动，即每个职工从本人标准工资中拿出同一数额进行浮动；三是分档次按不同绝对额浮动，即不同等级的职工，各拿出不同数额的标准工资进行浮动。

③岗位浮动工资

岗位浮动工资制就是对职工所从事的工作岗位或担任的职务进行评估，并确定与之相适应的工资标准；同时辅以考核和管理办法，依职工的劳动实绩给予相应报酬的一种工资制度。实行岗位浮动工资的特点是：把按个人等级工资标准计算支付工资的办法改为按个人从事的岗位等级工资标准计算支付工资，从岗位工资标准上区别劳动的轻重、技术难易和繁简，体现了差别，克服了平均主义。但是，这还不能解决干多干少、干好干坏一个样的弊病。因此，在实行岗位工资的同时，还需要实行浮动工资的形式，才能起到鼓励先进、鞭策后进的作用。

（2）浮动升级

浮动升级是工资总额与经济效益挂钩浮动，或以核定工资总额实行的浮动升级。升级的工资由企业新增工资或工资基金结余以及企业利润留成中的奖励基金开支。它的基本做法是：在职工现有工资等级的基础上，根据企业的经济效益情况和职工的技术业务水平、劳动熟练程度、贡献大小等因素，用企业自有资金对职工进行考核升级，并随着企业经济效益情况的变化而上下浮动。

合理的工资浮动制度，必须同正常的升级制度结合起来，才能够不断调整职工的工资等级与技术水平的关系，充分发挥工资浮动制度的按劳分配作用。只有这样，才能在发展生产、提高劳动生产率的基础上，逐步提高职工的工资水平，鼓励他们努力学习技术和业务。浮动升级在一定程度上起到了调动职工积极性的作用。

65. 什么是定额工资制？

定额工资制是指以劳动定额或岗位职责为依据，在考核职工实际成果基础上计发报酬的各种工资形式的总称，包括计件付酬、计分付酬、分成付酬、承包付酬等。

定额工资制应包括三个组成要素：

（1）能反映职工劳动量的各种定额，即必须明确具体地规定生产、工作和应完成的数量及质量；

（2）各种定额都应该有科学准确的计量标准，并能进行严格的考核；

（3）职工工资的多少取决于其完成定额的多少。完成定额多，其工资就多；完成定额少，其工资就少。

企业的工资分配应以定额劳动制度为基础，职工的工资收入应与其完成的定额紧密联系，并随着完成定额的多少而上下浮动。

66. 定额工资制的形式及适用范围有哪些？

定额工资制有多种具体形式。按不同的定额区分，可分为产量（实物量）定额工资制、工时定额工资制、消耗定额工资制、价值量定额工资制、工作量定额工资制以及综合定额工资制等。各种形式的定额工资制各有其大体适用范围。企业可以根据生产的特点和需要，对各类生产车间按照它们各自的劳动定额或劳动（工作）规范要求，规定其生产任务和应完成的任务量，并按照各单位完成任务量的多少支付相应的工资，再由各单位按照职工个人完成劳动定额的多少，支付职工个人的工资。

企业对后勤服务单位和科室的人员，则可以根据其工作特点、职责范围、服务对象等，规定各自的工作任务和应完成的工作量。这一工作量可以是服务项目、服务质量、各种有具体数量规定和明确职责要求的工作任务，然后按照企业对单位，单位对职工个人完成的工作量多少支付相应的工资。

67. 什么情况下可以延长工作时间？

用人单位由于生产经营需要，经与工会和劳动者协商后可以延长工作时间，一般每日不得超过 1 小时；因特殊原因需要延长工作时间的，在保障劳动者身体健康的条件下延长工作时间每日不得超过 3 小时，但是每月不得超过 36 小时。

68. 加班加点工资的支付标准是什么?

用人单位在劳动者完成劳动定额或规定的工作任务后，根据实际需要安排劳动者在法定标准工作时间以外工作的，应按以下标准支付工资：

（1）用人单位依法安排劳动者在日法定标准工作时间以外延长工作时间的，按照不低于劳动合同规定的劳动者本人小时工资标准的150%支付劳动者工资。

（2）用人单位依法安排劳动者在休息日工作，而又不能安排补休的，按照不低于劳动合同规定的劳动者本人日或小时工资标准的200%支付劳动者工资。

（3）用人单位依法安排劳动者在法定休假节日工作的，按照不低于劳动合同规定的劳动者本人日或小时工资标准的300%支付劳动者工资。

实行计件工资的劳动者，在完成计件定额任务后，由用人单位安排延长工作时间的，应根据上述规定的原则，分别按照不低于其本人法定工作时间计件单价的150%、200%、300%支付其工资。

需要注意的是，国家规定的加班加点工资标准属于最低标准，工会应当与企业通过工资集体协商，结合本企业实际，确定本企业的加班加点工资标准。过节费和加班工资在性质上不同，不能互相代替。加班工资是对劳动者休息时间的经济补偿，过节费虽然也属于工资的组成部分，但带有福利性质，无须劳动者提供额外服务。

69. 什么是奖金制度?

奖金制度是指给予付出超额劳动的劳动者的现金奖励制度。奖金是计时工资和计件工资的辅助形式，补充基本工资形式的不足，更好地落实按劳分配的原则。计时工资主要是从个人技术能力和实际劳动时间上确定劳动报酬，难以准确反映经常变化的超额劳动；计件工资主要是从产品数量上反映劳动成果，难以反映优质产品、原材料节约和安全生产等方面的劳动。这些都可以通过奖金形式进行弥补。资金的发放条件、标准等，应当作为工资集体协商的内容，在工资专项集体合同中做出明确规定。

70. 奖金的特点有哪些?

奖金是超额劳动的报酬形式。它具有以下特点：

（1）单一性

是相对于工资的综合性来说的。奖金仅仅反映某一方面的劳动差异。所以可以设置单一的指标，如把质量指标、安全指标作为奖励条件。

（2）针对性和灵活性

奖励条件是多种多样的，可以根据工作需要，灵活决定其标准、范围和奖励周期等；也可以针对某些方面的问题，有效地调节企业生产过程对劳动数量和质量的需求。

（3）及时性

奖金可以根据生产的需要及时调整奖励对象、数额、人数等，只要完成一个预定的考核周期，奖金就可以及时发给本人，时间上强化了奖金的鼓励性。

（4）荣誉性

奖金是对做出更多贡献、提供超额劳动的劳动者进行的奖励，能起到奖励先进、鞭策后进、树立劳动光荣新风尚的作用。

71. 奖金的分配形式有哪些?

根据不同的情况，奖金可以分为不同的形式：

（1）按照奖励周期长短，可分为月奖、季奖、年中奖和年奖。按一年内奖金的发放次数，可以分为一次性奖金和经常性奖金。

（2）按照奖励条件的考核项目划分，可分为单项奖和综合奖。单项奖是以某一项指标作为记奖条件的奖励制度。它是对劳动成果中的某一方面进行专项考核，如超产奖、质量奖、节约奖等。综合奖是以多项考核指标作为计奖条件。它的特点是对生产的考核指标比较全面，综合统一计奖，重点突出，有利于鼓励职工全面提高劳动的数量和质量。

其划分考核项目的具体办法是，把劳动成果分解成不同的方面，如产量、质量、消耗、安全等，每一方面都有明确的考核指标以及该指标的奖金占资金总额的百分比或绝对数，重点指标的百分比要高一些，职工只有全面完成各项指标才能得全奖。

（3）按照奖金的支付对象，可分为个人奖和集体奖。个人奖适合于只需个人就能完成的工作，集体奖适合于需集体合作完成的工作。

72. 工会就奖金进行协商时，应注意哪些问题？

工会就奖金问题进行协商时，可以按照下列事项进行：

（1）明确奖励指标和条件；

（2）明确奖励范围、奖励周期和计奖单位；

（3）确定奖金总额，应与职工超额劳动创造的经济效益、企业工资基金总额保持合理比例；

（4）确定奖金标准。

73. 什么是津贴、补贴制度？

津贴和补贴是为了补偿劳动者在特殊条件下的额外劳动消耗或额外费用支出，以及为了保证职工工资水平不受物价影响而实施的一种辅助工资形式。同资金一样，津贴、补贴也应在工资专项集体合同中有所约定。

74. 津贴、补贴的种类有哪些?

从管理层次分，津贴、补贴可分为两类，一是国家或地区、部门统一制定的津贴、补贴，一般在企业成本中列支；二是企业自行建立的津贴、补贴，一般在企业留用的奖励基金或效益工资中开支。

（1）补偿职工特殊或额外劳动消耗的津贴

具体有：高空津贴、井下津贴、流动施工津贴、野外工作津贴、林区津贴、高温作业临时津贴、海岛津贴、艰苦气象台（站）津贴、微波站津贴、高原地区临时津贴、冷库低温津贴、基层审计人员外勤工作津贴、邮电人员外勤津贴、夜班津贴、中班津贴、班（组）长津贴、学校班主任津贴、三种艺术（舞蹈、武功、音乐）人员工种津贴、运动队班（队）干部驻队津贴、公安干警值勤岗位津贴、环卫人员岗位津贴、广播电视天线岗位津贴、盐业岗位津贴、废品回收人员岗位津贴、殡葬特殊行业津贴、城市社会福利事业单位岗位津贴、环境监测津贴、收容遣送岗位津贴等。

（2）保健性津贴

具体有：卫生防疫津贴、医疗卫生津贴、科技保健津贴、各种社会福利院职工特殊保健津贴等。

（3）技术性津贴

具体有：特殊教师补贴、科研津贴、工人技术津贴、中药老药工技术津贴、特殊教育津贴等。

（4）年功性津贴

具体有：工龄津贴、教龄津贴和护士工龄津贴等。

（5）其他津贴

具体有：直接支付给个人的伙食津贴（火车司机和乘务员的乘务津贴、航行和空勤人员伙食津贴、水产捕捞人员伙食津贴、专业车队汽车司机行车津贴、体育运动员和教练员伙食津贴、少数民族伙食津贴等)、合同制职工的工资性津贴以及书报费等。

(6) 补贴

具体有：肉类等价格补贴、副食品价格补贴、粮价补贴、煤价补贴、住房补贴、水电补贴等。

以上津贴、补贴是否发放或者发放多少，都需经过工资集体协商来确定。

75. 津贴、补贴有什么特点?

津贴、补贴有以下特点：

(1) 补偿性

对于因工作岗位、地区、自然条件、时间等特殊因素造成的劳动力额外消耗和生活费用的额外支出的一种补偿。

(2) 鼓励性

大多数津贴、补贴所体现的主要不是劳动数量和质量的差别，而是调节不同工种、行业、地区之间在这些方面的工资关系。

(3) 单一性

多数津贴、补贴是根据某一特定条件而制定的，一事一补，这就要求在确定津贴和补贴的对象、条件、范围时，目的和界限要十分明确。

(4) 灵活性

津贴、补贴可以随着工作环境、条件的变化而变化，而标准工资一经确定，很长一段时间难以变动。

76. 工会就津贴、补贴进行协商时，应注意哪些问题?

就津贴、补贴进行工资集体协商时，应把以下项目作为主要内容：

(1) 确定津贴、补贴项目。津贴、补贴项目繁多，如夜班津贴、高温津贴、井下津贴、保健津贴、冬季取暖补贴、出差补贴、误餐补贴等，企业应按国家规定和实际需要确定。

（2）确定实施条件、范围。确定设立某项津贴、补贴所需要的条件和领取津贴、补贴人员的范围。

（3）确定津贴、补贴标准。确定津贴、补贴标准有两种办法，一是按职工本人工资一定比例确定；二是按绝对额确定。

（4）确定津贴、补贴支付方式。津贴、补贴主要以货币形式支付，特殊行业也可以部分发放实物。

77. 什么是工资水平？

工资水平是一定区域和一定时期内职工平均收入的高低程度。反映工资水平的公式是：**职工平均工资＝报告期职工工资总额/报告期职工总数**。反映职工工资水平变动情况可用平均工资指数，其公式是：**平均工资指数＝报告期的平均工资/基期的平均工资**×100％。

工资水平也可用工资总额来表示，说明一个用工单位用于支付职工工资总的额度，以利于从总体上控制人工成本水平。在协商调整工资水平中，既可调整职工平均工资，也可调整职工工资总额。用工资总额来反映工资水平时，受职工人数变化的影响，只有在职工总数变化不大的情况下，才能用工资总额的变化来反映职工工资水平的变化。

78. 协商工资水平应考虑哪些因素？

根据《工资集体协商试行办法》的相关规定，协商确定职工年度工资水平应符合国家有关工资分配的宏观调控政策，并综合参考下列因素：

（1）地区、行业、企业的人工成本水平；

（2）地区、行业的职工平均工资水平；

（3）当地政府发布的工资指导线、劳动力市场工资指导价位；
（4）本地区城镇居民消费价格指数；
（5）企业劳动生产率和经济效益；
（6）国有资产保值增值；
（7）上年度企业职工工资总额和职工平均工资水平；
（8）其他与工资集体协商有关的情况。

79. 为什么说工资水平是工资集体协商的重点和难点？

工资集体协商最重要的是工资水平的调整。对劳动者来说，工资水平是劳动力价值的价格表现，是劳动者生活的主要来源，是劳动者社会地位的经济基础，因此，劳动者总是希望获得工资最大化。对企业来说，工资是企业生产成本中人工成本的主要组成部分，是企业投入劳动力的货币表现，是影响企业产品竞争力和经济效益的重要因素，企业作为一个生产经营组织，总是希望控制工资总额的规模和增长幅度，以实现利润最大化的目标。由此可见，工资水平的高低是劳动关系矛盾的焦点，工资集体协商的主要目的就是合理调整工资水平，营造和谐稳定的劳动关系。

工资水平的调整受到劳动者提供的劳动、企业的经济效益、市场物价的变化、市场劳动力供求状况、国家有关法规政策等诸多因素的共同影响，同时，劳动者与用人单位是不同的利益主体，对工资水平的看法往往大相径庭，甚至截然相反，工资水平调整十分复杂，往往要通过充分的博弈才能找到劳资双方都满意的利益均衡点。

80. 工资水平为什么要经常调整？

工资专项集体合同一般一年一签，每年都要进行工资集体协商以调整工资水平，是因为影响职工工资水平的因素很多，况且有许多因素在不断变化。如市场的物价水平在不断变化，当物价上涨时，必然影响到职工工资的实际购买力，为了保障职工的实际工资不因物价上涨而下降，就需要及时调整职工的工资，大体上保证职工工资的涨幅高于（至少要等于）物价上涨的幅度。又如企业的经济效益在不断地变化，当经济效益提高的时候，应当提高职工工资水平，让职工及时分享劳动成果；当经济效益下降的时候，也要努力减少人工成本，防止企业经济效益继续下滑。再如政府根据经济和社会形势发展的需要，提出企业工资调整的指导线，包括基准线、上线和下线，企业要结合自己的生产经营状况，及时作出调整，才能使政府制定的政策在企业落实。因此，为了更好地适应这些变化，维护职工的劳动报酬权，每年通过集体协商对工资水平进行调整是十分必要的。

代表职工与用人单位协商调整工资水平，是工会一项长期性、基础性的工作。工会在组织体制和运行机制上要适应每年开展工资集体协商的需要，妥善调整影响职工工资水平的各种因素，保障职工的劳动报酬权，努力促进劳动要素分享利润，推进劳动公平。

81. 什么是职工年度平均工资水平？应如何调整？

职工年度平均工资水平，即职工在某一年度平均工资的高低程度。在国家动态工资宏观调控政策下，作为工资分配的主体，企业有权根据企业生产经营情况和劳动力市场状况，自主确定本单位的工资水平。工资水平的确定和定期调整，是企业工资集体协商的一项极为重要的内容，也是职工群众非常关心的重要问题。工会在开展工资集体协商时应当把工资水平及其调整幅度作为主要诉求。

工会与企业双方协商确定年度工资水平，要与政府发布的年度工资指导线、企业人工成本等结合起来，在全面分析企业经济效益、工资支付能力和职工工资水平等因素的基础上合理确定。实行岗位工资制度的企业，要把确定和调整岗位工资标准作为协商重点；实行计件工资制的企业，要通过协商合理确定工人的劳动定额和计件单价。同时，应根据本单位职工工资实际水平，协商确定企业职工最低工资标准，企业职工最低工资标准一般为职工人均工资的40%。当企业生产发展，经济效益提高，劳动力供需达到基本平衡时，企业和工会可以重点就企业工资水平增长幅度、增资条件、增资时间等进行协商，使职工的实际工资水平随着企业经济效益的提高得以相应提高。当企业生产经营遇到困难或劳动力供大于求时，工会则要和企业协商对人员结构、工资水平等进行适当调整，以此达到在保证企业利益的同时，最大限度地保护职工的劳动就业权与报酬权的目的。但应特别强调，企业必须严格执行国家最低工资保障制度，以保障职工个人及其家庭成员的基本生活。

82. 企业的工资水平决定有哪些理论，如何运用？

长期以来，理论界对工资的本质和决定因素进行了深入的研究，提出了各种各样的观点，形成了不同的学派。工资集体协商是以理服人、有理服人的过程，了解有关工资决定的理论，有利于加大工资集体协商的力度。

（1）集体交涉工资理论

集体交涉工资理论是19世纪由英美社会制度学派提出来的。该理论强调工资至少在一定程度上取决于资本家垄断组织以及与这种垄断组织相抗衡的工会组织之间的集体交涉“讲定条件”，是双方在谈判过程中交涉力量抗衡的结果。

集体交涉工资理论认为，在市场经济条件下，劳动者工资水平高低程度，与工会在工资集体协商中的力度有直接关系。工会必须适应市场化工资新形势的需要，坚持劳方基本立场，深入研究工资决定的理论和方法，切实把工资谈起来并谈到位，以实现公平劳动，促进利润分享。否则，工资问题就会由劳动力的使用方单方面决定，不利于实现公平劳动，工会自身也失去了存在的基本价值。

（2）均衡价格工资理论

以均衡价格论为基础的工资理论认为，工资作为劳动这一生产要素的均衡价格，是劳动供给价格和劳动需求价格相一致时的价格。劳动供给价格取决于劳动者养活、维持有效劳动的费用，需求价格受到用人单位对劳动力需求程度的影响，取决于劳动的边际生产力。劳动者的需求与用人单位的需求便以劳动的供给价格和需求价格的形式出现并相互制约，最后形成一个既代表劳动供给价格又代表劳动需求价格的均衡价格。

均衡价格工资理论认为，在工资集体协商中应当充分考虑劳动力供求状况对工资水平的影响，如果供大于求，则工资水平下降，反之，则使工资水平上升。由于劳动者的工资水平越来越取决于市场上劳动力的供求状况，市场机制调整劳动者工资水平的作用日益明显。例如：不同职业、不同技能劳动者的收入差距将会扩大，而相同职业、相同技能劳动者的收入差距将会缩小；企业内部劳动者的工资关系将逐步以相应市场工资率为依据调整；劳动者作为参与分配主体的地位日益明显和强化，等等。

（3）人力资本工资理论

人力资本是指通过对人的投资所获得的体力和脑力，而这种体力和脑力又影响到生产和收入的增长，即人力资本是用以形成和完善劳动力的各种开支，是通过对人力的投资而形成的资本。人力资本理论认为，教育和训练能够增加个人人力资本的储蓄，从而提高个人的生产潜力，由于工资作为过去个人对人力资本投资的预期收益，且与生产效率相联系，劳动者在人力资本上所进行的投资，一般会提高劳动者的生产潜力，对人力资本投资较多的人，一般能够在未来获得较高的工资。

在工资集体协商中，要重视劳动者的人力资本，并在工资水平和工资差别上体现出来，形成尊重知识、尊重人才、尊重劳动的环境，鼓励劳动者不断加大自身“人力资本”的投入，提高自身素质。对劳动者的“人力资本”应当综合考察，既要看先期的投入，如学历、工作经历、职称、技能等级等，也要看现实的表现。此外，还要加强职工培训，加大对职工人力资本的开发，在工资水平和工资关系中合理体现出来，发挥工资的激励作用。

（4）效率工资理论

效率工资理论是20世纪70年代以来信息经济革命的产物。该理论的基本观点是：工人的生产率取决于工资率。工资提高将带来工人生产率的提高，而每个人有效劳动单位成本则有下降的可能。因此，企业降低工资，不一定会增加利润；提高工资，也不一定会减少利润。如果支付给劳动者比市场更高的工资，企业反而能获得劳动总成本最小、利润最大的效果。

支持效率工资理论的理由有很多，美国经济学家戴维·罗默列出了四个最重要的因素：①更高的工资能增加工人的食物消费，改善工人的营养状况；②更高的工资能提高工人的努力程度；③更高的工资能提高工人其他方面观察不到的能力；④更高的工资能培育出工人对厂商的忠诚。

效率工资理论颠覆了传统的增加工资必然影响利润、低工资等于低生产成本的观点，证明了通过适当的工资激励所创造的生产率反而会使比较成本下降。职工的积极性和创造力是企业活力的源泉，妥善调整职工工资水平是企业发展的必要条件。

（5）分享经济工资理论

分享经济工资理论是20世纪70年代资本主义国家出现经济滞胀后提出来的。美国麻省理工学院教授马丁·魏茨曼在其《分享经济》一书中提出，传统雇员工资制是造成资本主义经济滞胀的根本原因，为了防止经济滞胀，就要实行经济分享，即把工人固定的工资改为某种反映厂商经营状况的指数，这样，工人与雇主在劳动市场上达成的不再是规定每小时多少工资的合同，而是与雇主在企业收入中各占多少的分享比例的协议。实行分享经济工资，由于工人收入的比率一定，提高产品价格，劳动成本随之上升，降低产品价格，劳动成本随之下降，因而具有内在的反通胀倾向，把工资（消费）与生产自动结合起来。

在客观上，分享经济工资理论承认劳动参与利润分享，成为主流的工资理论。分享经济增长的红利、分享企业发展的好处，建立利益共享、风险共担的分配制度，已经成为社会的基本共识。在西方发达国家，分享经济工资的推行受到工会的反对，认为这实质上是由经营者决定工资，因为经营实质上是经营者的行为，工人应当按照市场工资率获取工资，经营决策的风险不应由工人来承担。

83. 有哪些因素影响工资水平？

影响工资水平的因素有很多，可以分为企业内部因素和企业外部因素。

企业内部因素主要包括两个方面：一是反映生产经营和经济效益状况的相关指标，如年度总产值、劳动生产率、销售利润率、资本收益率、年度利税总额等；二是反映职工现有工资状况的相关指标，如企业职工工资总额、职工平均工资、人工成本、劳动分配率、人事费用率、工资利税率等。

影响工资水平的企业外部因素主要包括：国家和地方颁布的法规政策（最低工资标准、工资指导线等）；地区、行业的人工成本水平和职工平均工资水平；劳动力市场工资指导价位；本地区城镇居民消费价格指数等。

企业内部因素主要是通过分析企业生产经营和职工工资状况，确定能不能调整工资水平以及调整的幅度。企业外部因素主要是通过分析经济发展和劳动力市场运行的状况，确定企业要不要调整工资水平的依据和参照。企业工资水平调整的决定因素在企业内部，但是企业外部因素不能忽视，否则，就会挫伤职工的积极性，加剧职工流动。

84. 企业是否需要制定企业内部的最低工资标准？

从法律上来说，企业支付的工资不低于政府规定的最低工资标准就不违法。在实践中，有些企业规定了比政府颁布的最低工资标准高的企业内部最低工资标准，如有些企业在工资协议中形成这样的条款：“公司员工在付出正常劳动后的最低工资不低于本市职工上年度最低工资的 2 倍”、“员工的工资不得低于本市规定当年最低工资标准的 120%”。企业结合自身的实际，制定高出于政府最低工资标准之上的企业最低工资标准，有利于保障职工的生活，也有利于展示良好的企业形象。

85. 提高工资水平就一定会增加单位劳动的成本吗？

提高工资水平表面上看是增加了人工成本，因此，有些企业实行“地板工资”，认为只有压低工资，才能降低人工成本，实现利润最大化，反对工会提出的增加工资的要求。那么，提高工资水平就一定会增加单位劳动的成本吗？

用人单位的这种工资理念只关注到财务上的一加（工资）一减（利润），没有看到劳动要素是生产要素中最积极最活跃的因素。根据效率工资理论，企业降低工资，不一定会增加利润，提高工资，也不一定减少利润。如果支付给劳动者更高的工资，企业反而能取得劳动总成本最小、利润最大的效果。因此，企业支付职工适当的工资，不仅满足了职工的基本生活需要，也体现了他们的劳动价值。反过来，职工通过创造性的劳动，也体现了工资所表示的劳动价值。所以，实现企业利润最大化，根本还在于转变发展方式，充分调动广大职工的积极性和创造性，开发企业活力的源泉。要纠正把低工资与低生产成本等同的观点，通过适当的工资激励使职工的劳动潜能和生产资料的潜能得到最大化的发挥。当然，利用工资激励也有一定限度，因为人的潜能和生产资料的潜能都有一定限度，超过这个限度，反而会导致有效劳动单位成本呈上升的趋势。

86. 怎样进行经济效益指标的比较?

企业能不能增加工资，能够增加多少工资，常常要与有关经济效益指标比较后确定。有两种比较方法，一种是自己与自己比；另一种是自己与同行业进行对比。一般来说，自己与自己比，只能说明指标上升了或者下降了，只有在与同行业平均水平的对比中，才能确定指标的先进与否。工资水平的调整，要以不影响企业在市场上的竞争力为限，由于同行业存在竞争关系，企业工资水平的调整主要应该在与同行业的对比中确定。例如：自己与自己比，劳动生产率提高了，但是仍然低于同行业的平均水平，说明企业产品的竞争力不强，增加工资应当慎重；自己与自己比，劳动生产率下降了，如果仍然高于同行业的平均水平，说明企业产品仍然有竞争力，依然可以增加工资。

87. 企业经济效益不好就一定不能增加工资吗?

工资水平的调整，与一定时期企业经济效益密切相关。根据企业的经济效益来调整工资水平，是企业调整工资的基本法则。工资水平还受劳动力供求关系的影响，当某一职位的劳动力供不应求时，企业工资水平若低于市场工资率，则不仅招收不到所需劳动力，还会造成劳动力流失。因此，企业工资水平要受企业经济效益和劳动力供求关系的双重调节。

从企业生产角度讲，工资是成本投入，如同生产必须购买原材料一样，企业必须支付相应工资水平，才能投入劳动，实现生产过程。如果单纯强调企业效益不好，职工工资长期低于市场工资率，就会导致生产中劳动投入不足，这既包括劳动力数量不足，也包括劳动者所投入的劳动积极性不足，这将阻碍企业的良性发展。

88. 如何提高初次分配中劳动报酬的比重？

党的十八大报告中明确提出：要提高劳动报酬在初次分配中的比重，加快形成合理的收入分配格局。劳动报酬在初次分配中的比重，可以用劳动分配率来表示，即人工成本占增加值的比例。

用公式表示为：

劳动分配率＝人工成本÷增加值×100%

要提高劳动报酬在初次分配中的比重，即现有的劳动分配率偏低了，要通过调整提高，建立新的分配关系，使劳动的价值得到更合理的体现。

如何调整提高劳动报酬在初次分配中的比重，需要在理论和实践中积极探索。可以通过测算人工成本适度水平的方式，重新调整劳动分配率，做到既提高职工的劳动报酬，又不影响企业的健康发展。

其公式是：

适度的劳动分配率＝人工成本÷（总成本＋必要利润－物耗成本）×100%

在上述公式中，人工成本、总成本、物耗成本等是已经发生的，必要利润包括公积金、公益金、股金分红等多项，这其中的关键是股金分红水平的设定，可参考银行贷款利息的标准上下浮动确定，以确保劳动分配率有所提高。

89. 工资调整幅度的测算方法有哪些？

由于影响工资集体协商的因素较多，而且经常处于变动之中，工会在每年进行工资集体协商前，必须根据本企业实际生产情况，选择不同的角度，根据现有的资料，采取多种形式的工资测算方法，对工资集体协商的内容进行测算、比较，从不同的角度选择协商依据、确定协商目标，制定详细的工资集体协商计划，确保集体协商工作的顺利进行。下面介绍常用的十种工资增幅的测算方法，我们可根据企业的实际情况，灵活运用，甚至联合使用，以期达到最佳效果。

（1）劳动分配率法

劳动分配率是指在一定时期内企业人工成本总额占同期工业增加值总额的比率。对于一个企业来讲，在生产经营比较稳定的情况下，其劳动分配率应相对稳定，职工工资总额与人工成本总额之比也基本稳定。为了简化计算，一般把上年或企业生产经营比较稳定的年份作为基期，按照企业新增工业增加值的多少和基期劳动分配率指标，确定当期工资集体协商增资目标。

计算公式为：

$$\text{工资增加额}=\frac{\text{基期职工工资总额}}{\text{基期工业增加值总额}}\times\text{当期工业增加值增长额}$$

例如：某工业企业生产经营形势比较稳定，2012 年工业增加值总额为 4000 万元，职工工资总额 480 万元，劳动分配率为 12%。在 2013 年度，企业方确定的年度生产目标为工业增加值总额达到 5000 万元，工会在制定工资集体协商增资目标时，就可以将增值目标确定为：

$$\text{工资增加额}=\frac{480\text{ 万元}}{4000\text{ 万元}}\times（5000-4000）\text{万元}=120\text{ 万元}$$

这种工资测算方式适用于企业利润增幅不大但产品产量、销售收入等有所增长的企业。

（2）劳动生产率法

劳动生产率指单位劳动投入的产出水平。它反映一定量劳动投入所得的有效成果数量。这种产出的成果，可以表现为实物形态，也可以表现为价值形态。企业劳动生产率的提高，部分原因是由于职工劳动效率的提高，劳动生产率法就是用一定的系数测算职工劳动效率的提高，从而测算职工工资合理增长数的方法。可以综合分析职工通过劳动对劳动生产率提高所作的贡献，来协商确定职工工资水平（工资总额）增长的幅度。

计算公式为：

职工工资水平（工资总额）增长目标=基期职工工资水平（工资总额）×劳动生产率增长率×浮动系数

（浮动系数为职工活劳动对劳动生产率提高的贡献率）

例如：2013年，某企业采用新的生产工艺，通过培训提高职工劳动技能，2013年企业的劳动生产率较2012年增长了30%，经分析，职工劳动对劳动生产率提高的贡献占36%。2012年职工工资总额300万元，年人均工资水平2.8万。工会在制定工资协商目标时就可以将职工工资水平提高目标（工资总额增长目标）确定为：

职工工资水平（工资总额增长）提高目标=2.8（300）万×30%×36%=3024（324000）元

有些原材料供应和产品销售“两头在外”的外商投资企业和部分私营企业，工会不容易掌握企业的真实产值、销售和利润数据，就可以采用这种办法对工资集体协商目标进行测算。

（3）减亏增资法

一些生产经营比较困难的企业，职工工资长期没有增长，严重影响职工劳动积极性。为调动职工的劳动积极性，为企业解困，必须在职工工资收入方面得以体现，即职工的工资随着企业实现减亏扭亏而增加。

计算公式为：

$$工资增加额=减亏总额\times\frac{K}{1+K}$$

（其中K为减亏增资比例，0<K<1，即每实现减亏一个单位所增加的工资量，具体数值由工会代表职工与企业协商决定。）

例如：某企业生产经营较困难，长期处于亏损状态，职工工资水平较低。为了走出困境，2013 年年初，工会与企业行政协商决定，每实现减亏 1 万元，企业拿出 0.4 万元为职工增加工资，即 K = 0.4。在 2013 年年底，企业实现减亏 200 万元，基本实现了扭亏，职工工资增加为：

$$职工工资增加额 = 200\ 万元 \times \frac{0.4}{1 + 0.4} = 57.14\ 万元$$

这种方法主要适用于生产经营比较困难，但企业领导班子民主意识较强，能团结职工共渡难关，经过共同努力扭亏有望的单位。

（4）风险分担法

职工工资的增长源于企业经济效益的提高，但市场因素变化较快，经营决策上存在一定的风险，可能会出现企业经营收入与增加值不同步的情况。为降低风险，在进行工资集体协商时要综合考虑企业人均销售收入增长率和人均工业增加值增长率等因素，合理确定工资调整额。

计算公式为：

$$工资增加额 = 基期工资总额 \times \frac{销售增长率 + 利润增长率 + 工业增加值增长率}{3}$$

例如：某企业由于市场变化较快，经营决策失误，职工生产出来的产品滞销，销售收入增长率为 -6%，利润增长率为 -9%，但职工由于劳动技能提高，进行生产所创造的工业增加值增长率为 20%。企业上年度工资总额为 900 万元，作为工会在进行当年工资集体协商时，企业强调经营亏损，工会考虑职工劳动贡献等因素，最后职工工资调整目标定位为：

$$工资增加额 = 900\ 万元 \times \frac{(-6\%) + (-9\%) + 20\%}{3} = 15\ 万元$$

这种方法主要适用于市场变化较快、经营风险较大的企业。

（5）物价指数法

物价指数亦称商品价格指数，是反映各个时期商品价格水准变动情况的指数。编制物价指数的目的，是为国家分析物价变动对国民经济与人民生活的影响，从而制定有关物价宏观调控政策，加强物价管理提供依据。同时，也为企业作出相应的经济决策提供依据。

物价指数法是根据政府发布的城镇居民消费品价格指数进行工资调整，一般情况下，职工工资增长数必须高于城镇居民消费品价格指数。

计算公式为：

职工工资水平＝上年度职工工资水平×居民生活费用指数

例如：某企业生产经营情况变化不大，但2013年某市居民生活费用价格指数为108%，职工年度工资水平为4900元。在进行2014年度工资集体协商时，以居民生活费用价格指数为依据进行工资调整，职工整体工资水平得以提高。

职工年度工资水平＝4900元×108%＝5292元

这种方法主要适用于居民生活费用价格指数变化较大的年份，在企业生产经营比较稳定、具有调整支付职工工资能力的单位。

（6）工资指导线法

工资指导线法是根据企业年度生产经营状况，参照政府当年发布的工资指导线的上线、基准线、下线标准，提出本企业工资水平的调整目标。

计算公式为：

工资水平＝上年度工资水平×指导线标准

例如：某省政府2014年发布的工资指导线为：上线为16%，基准线为12%，下线为4%。该省企业在进行2014年度工资集体协商时，普遍结合企业近年来生产经营情况，参照这三条线标准进行调整。

（7）工资加劳动分红法

按劳分配与按生产要素分配的问题是股份制企业工资集体协商的重要问题，一些企业经营者扩大按资分配比例，有意压低职工工资或降低人工成本中其他工资性支出。在工资集体协商中，工会应提出工资加劳动分红的分配办法，即职工的工资坚持以按劳分配为主体，根据职工劳动生产率的提高不断提高职工基本工资水平；而在企业税后利润分配中，根据各生产要素对企业利润贡献的大小，共同参与企业利润分配，专门拿出一定的比例（税后利润的5%～20%）用于劳动要素分红。

计算公式为：

劳动报酬＝个人年度工资＋年度工资额×劳动分红比例

（8）工资水平比较法

工资水平比较法是将本企业平均工资水平与本地区、本行业工资水平进行比较来确定工资调整的方法。对照的目标，可以是本地区职工平均工资，也可以是本地区外商投资企业职工平均工资，条件相近的某几个企业职工的平均工资，还可以是本地区（或全国）同行业（或同类企业）的平均工资。

（9）劳动力市场价位比较法

劳动力市场价位比较法是根据政府行政部门每年发布的企业、行业、工种等劳动力市场工资指导价位数据，与本企业经营状况和职工工资水平相比较来确定职工工资集体协商目标。

（10）人工成本比较法

人工成本是指企业在一定时期内，在生产、经营和提供劳务活动中因使用劳动力而支付的所有直接费用和间接费用的总和。人工成本范围包括：职工工资总额、社会保险费用、职工福利费用、职工教育经费、劳动保护费用、职工住房费用和其他人工成本支出。其中，职工工资总额是人工成本的主要组成部分。

人工成本比较法是以本企业人工成本数据与政府部门每年发布的地方、行业人工成本数据进行比较，合理确定工资水平。

90. 什么是工资关系？

工资关系又称工资差别是指劳动者之间在收入数量方面的差异和相互关系。工资关系主要讨论产业间的工资差别，职业间的工资差别，地理上的工资差别，年龄、性别和种族上的工资差别，劳动者个人之间的工资差别。

91. 影响工资关系的因素有哪些？

（1）补偿性工资差别

由于某些工作可能具有一些令人讨厌的特征，雇主通常需要向工人支付一个工资补偿。在实际经济活动中，即使能力和受教育程度相同的劳动者，从事不同的工作也会存在工资差别。补偿性工资差别形成的原因包括：恶劣的劳动或工作条件及伤害危险，如苦、脏、累、险、单调、枯燥、噪音等；职业的社会声望和社会评价低；职业和收入的稳定性差；缺乏自主性、需要经常加班或者工作地点不方便等。这些都在某种程度上需要提供补偿性工资差别，以平衡由此导致的对工作的规避厌恶情绪。

（2）劳动质量的差异

这种差别因人与人之间先天的智力和体力、教养、所受教育和培训以及经验等因素的差异而产生。人力资本的概念解释了这种差异，人们在其接受教育和培训过程中积累起来的有用和有价值的技术和知识，这种积累为日后的高工资奠定了基础。实践表明，受教育较多的人不仅起始收入高，而且收入增长的速度快。

（3）地理上的工资差别

根本原因在于地区间经济发展的不平衡而导致的工资差别。

（4）年龄、性别和种族上的工资差别

不同年龄、不同性别和不同种族人群之间存在工资差别。如许多青年工人的低工资，是由于他们缺乏技术和经验以及他们工作改换率较高。男女工资差别的主要根源在于各自从事的工作类型存在着一定的差别，妇女获得的人力资本较少，以性别为基础的传统的劳动分工依然存在，企业不愿意向妇女提供需要特别训练的工作，存在性别歧视等。

（5）劳动者个人之间的工资差别

在一定劳动技术等级的劳动力市场中，一些等级的技能供给是相对固定的，因为它们不能被生产出来，不能为所有的人而只能为少数人学习获得。职业运动员、影星、时装模特等均属此类。其特征是：他们的供给是不变的；在供给价格之上他们服务的供给是无弹性的。有限的供给与巨大的需求结合在一起，使每个人都能得到可观的收入，他们的收入属于经济租金。实际上，经济中出现的多数巨额劳动收入，都可归入经济租金之列。

按照人力资本理论，在长期均衡的情况下，工资和个人拥有的人力资本量成比例，所以拥有等量人力资本的人应当获得同等的收入，而不管其技能的具体性质如何。但是在大部分时间里，劳动力市场并不处在长期均衡之中，这时个人技能的具体性质就至关重要了。

在一定时期内，具有某种性质技能的人将获得较高的收入。在这较高的收入中，一部分代表正常的人力资本收益，另一部分则归因于他们所掌握的那种技术的暂时稀缺。这后一部分支付类似于经济租金，它是由需求决定的，对供给不能增加的要素的支付。这种情况只是暂时的，只能持续到另一批掌握此技术的人培训出来为止，这种租金是暂时的，因而称之为准租金。

人力资本收益的这种差别也可能因为另外两种有关因素而存在：第一，如果工人在地区间不能流动，同样的技能在一个地区比在另一个地区有价值；第二，获得必要技能或进入一种职业的人数受到限制，可以在较长时间内获得准租金，除非限制被取消。

92. 如何通过协商合理安排企业的工资关系？

通过工资集体协商合理安排企业的工资关系，能有效调动职工的工作积极性，构建和谐的劳动关系。企业内的工资关系主要涉及脑力劳动者与体力劳动者的工资差别、管理者与被管理者的工资差别、不同职务

（岗位）的工资差别等。

（1）脑力劳动者与体力劳动者的工资关系

脑力劳动者和体力劳动者都是企业生产必不可少的，在确定工资关系时，不能笼统地将脑力劳动者的工资定得高于体力劳动者，必须要承认体力劳动和脑力劳动的劳动贡献存在差异，并通过工资关系将差异表现出来。因此要在科学分析的基础上，科学地予以确定。

要对脑力劳动者与体力劳动者进行以下比较：对培训时间和培训费用进行比较，对培训时间长、培训费用高的劳动者，应考虑工资的补偿功能，给予更高的起点工资；对劳动力扩大再生产费用的比较，体力劳动者的再生产费用要小一些，脑力劳动者要花费一定费用进行个人智力再投资；对劳动强度进行比较，一般来说，体力劳动的劳动强度大于脑力劳动；对劳动者创造的价值进行比较，脑力劳动者和体力劳动者的贡献情况要根据企业的实际生产情况而定；工作时间的比较，工作时间的长短与劳动成果有一定的比例关系，但是脑力劳动具有相对独立性，工资安排上要有所考虑。

工会应以此为依据，在工资集体协商过程中，应尽可能保障全体职工的利益，力求制定公正合理的工资关系。

（2）管理者与被管理者的工资关系

管理者是实施管理活动内容的主导者；被管理者是管理者实施管理活动的被动接受者，或者说是实施管理活动的执行者。现代企业中，所有权与经营权分离，管理者与被管理者都是劳动者，都要领取工资，但由于劳动差别必然会形成一定的工资关系。

应依据以下三个方面对管理者工资水平进行确定：首先，依据企业的发展目标而定，如果企业追求短期利润，可以从利润分配中得到丰厚报酬；如果追求长远发展，可以通过股权分配来体现。其次，从组织层次来看，企业管理者分为高层、中层、基层，不同管理者承担的责任不同，在工资分配体系中要体现出来。再次，按照工资岗位来定，即使同一层次的管理者，如果工作岗位不同，在企业的地位和重要程度也不一样，工资分配要体现出来。

在企业中，高层管理人才掌握着企业的命脉，拥有其他人无法替代的资源和优势，他们代表所有者经营管理企业，他们的工资由所有者确定，因此，企业工资集体协商一般不涉及高层管理者的工资问题。中层管理者从事的是企业某一部门的管理，对他们的工资设计，考核的重点是他们与其他部门的合作与协调，以及部门创造的绩效。基层管理者的工资设计则应以其管理的具体内容为依据，涉及基层单位的产量、质量、生产任务的完成情况等。

总之，管理者与被管理者之间的工资关系，除了有量的差别，关键是工资结构的公平、公正、合理。通过工资集体协商，确定管理者与被管理者都能理解、满意的工资结构。

（3）不同岗位职工的工资关系

根据劳动计量的标准，确定各工种、各岗位之间的劳动差别，再规定同一工种、同一岗位的内部等级，规定各等级的工资标准。

总之，要建立科学的工资关系。基于岗位、工作业绩的不同，将员工的收入水平有所调整，开辟员工横向发展跑道，满足在职位晋升机会不足的情况下员工个体发展的需求。建立奖罚严明的规章制度，履行公平公正人人平等的原则，真正做到有章可循。加大绩效工资额度，真正做到多劳多得，少劳少得的制度，增加职工积极性与自主能动性，促进企业的发展。

93. 什么是工资专项集体合同的违约责任？其形式有哪些？

工资专项集体合同的违约责任是指工资专项集体合同当事人一方因不履行合同或者履行合同义务不符合约定所应当承担的法律责任。明确违约责任是保障工资专项集体合同切实履行的重要措施，是工资专项集体合同的重要条款。

违约责任的形式一般有以下几种：

（1）支付违约金

当事人因过错不履行或不完全履行工资专项集体合同，要按照工资专项集体合同中的约定或法律规定支付给对方当事人一定数额的违约金。

（2）支付赔偿金

当事人一方因违约行为给对方造成损失时，要依照法律规定支付给对方当事人一定数额的赔偿金，用以补偿对方所受的损失。

（3）继续履行

在违约当事人支付违约金或对其进行其他形式的制裁后，根据对方当事人的要求，在对方当事人指定或双方约定的期限内，继续履行工资专项集体合同规定的义务。

（4）行政责任

当事人一方违反工资专项集体合同，应追究直接责任人的行政责任，由有关部门给予警告、记过、降级、降职等行政处分。

94. 工资专项集体合同的期限有多长？

工资专项集体合同的期限是指工资专项集体合同的有效存续期间。工资专项集体合同中，必须明确规定工资专项集体合同的期限。《工资集体协商试行办法》第二十四条规定：“工资集体协商一般情况下一年进行一次。”因此，工资集体合同的期限一般为一年。

95. 如何变更或解除工资专项集体合同？

所谓变更工资专项集体合同是指工资专项集体合同没有履行或没有完全履行之前，因订立工资专项集体合同所依据的主观和客观情况发生某些变化，双方当事人依照法律规定的条件和程序，对原合同中的某些条款进行修改、补充。工资专项集体合同的变更，主要是合同内容的变更。它可以是有效期限的变更，也可以是标准条件、义务性条款的变更。只要当事人协商一致，手续和内容合法，工资专项集体合同变更是允许的。

所谓解除工资专项集体合同是指在工资专项集体合同没有履行或没有完全履行之前，由于订立工资专项集体合同时所依据的主客观情况发生变化，致使工资专项集体合同的履行成为不可能或不必要，当事人依照法律规定的条件和程序，终止工资专项集体合同法律效力的行为。工资专项集体合同的解除是仅对未履行的权利义务而言，对已履行的权利义务，不存在解除问题。

变更、解除工资专项集体合同的条件，可以由工会与企业平等协商，在工资专项集体合同中约定。一般来说，变更、解除工资专项集体合同的条件有：（1）企业因被兼并、解散、破产等原因，致使工资专项集体合同无法履行；（2）因不可抗力等原因致使工资专项集体合同无法履行或部分无法履行；（3）工资专项集体合同中约定的变更或解除条件出现的。

变更、解除工资专项集体合同的程序，分为双方变更、解除工资专项集体合同的程序和单方变更、解除工资专项集体合同的程序。具体程序由工会与企业进行平等协商，在工资专项集体合同中作出约定。

96. 工资专项集体合同的终止条件是什么？

工资专项集体合同终止是指由于一定法律事实的出现而使工资专项集体合同当事人之间的权利义务关系消灭。工资专项集体合同终止也叫工资专项集体合同终结。能够导致工资专项集体合同终止的法律事实就是工资专项集体合同终止的条件。

一般来说，工资专项集体合同期限届满或双方约定的终止条件出现，工资专项集体合同即行终止。具体来说，工资专项集体合同终止的主要原因有以下几种：

（1）工资专项集体合同因完全履行而终止。如果义务人全面、适时地履行了工资专项集体合同约定的义务，使权利人的权利得到了实现，至此，当事人订立工资专项集体合同的目的已经达到，工资专项集体合同随之终止。

（2）工资专项集体合同期满而终止。工资专项集体合同有效期限届满，工资专项集体合同随之终止。

（3）工资专项集体合同当事人一方发出解约通知而终止。

（4）工资专项集体合同因免除而终止。所谓免除是指权利人放弃权利而解除义务人所承担的义务。在我国，工资专项集体合同的免除，仅适用于不可抗力现象发生等极少数特殊情况。

四 工资集体协商的程序

97. 工资集体协商分为哪几个步骤?

工资集体协商的程序是否规范直接影响所签订的工资集体协议的质量，工资集体协商指导员应按照有关规定，指导企业按照规范的程序开展工资集体协商。工资集体协商主要分为以下五个步骤：

（1）产生代表包括产生协商代表、确定首席代表、外聘代表、培训协商代表。

（2）启动协商要约包括提出协商要约、要约答复、向上级工会报告。

（3）做好协商准备包括搜集各方意见、准备协商材料、确定协商重点、进行协商沟通。

（4）正式协商包括召开协商会议、起草工资专项集体合同。

（5）审议审查包括职工（代表）大会讨论通过工资专项集体合同草案、双方首席代表签字、报送劳动部门审查、工资集体协商生效执行。

98. 什么是工资集体协商代表?

工资集体协商代表（以下简称协商代表）是指按照法定程序产生并有权代表本方利益进行工资集体协商的人员。平等协商是一项政策性业务性很强的工作，协商代表的素质、水平直接影响协商的进程和效果。所以，协商双方应严格按照法定程序选出合格的协商代表，并加强对协商代表的培训，不断提高协商代表的素质。

99. 工资集体协商的代表是如何产生和构成的?

（1）工资集体协商代表应依照法定程序产生。工资集体协商双方的代表人数应当对等，每方至少 3 人，并各确定 1 名首席代表。

（2）职工一方的工资集体协商代表由本单位工会选派。未建立工会的，由上级工会指导本单位职工推举职工为工资集体协商代表，并经本单位半数以上职工同意。

职工一方的首席代表由本单位工会主席担任。工会主席可以书面委托其他协商代表代理首席代表。工会主席空缺的，首席代表由工会主要负责人担任。未建立工会的，职工一方的首席代表从职工集体协商代表中民主推举产生。

职工一方工资集体协商代表应具有一定的法律知识和政策水平，了解工资基本知识和企业经营管理知识，热心群众工作，有较高的表达能力，掌握协商技巧。

（3）用人单位一方的工资集体协商代表，由用人单位法定代表人指派，首席代表由用人单位法定代表人担任或由其书面委托的其他管理人员担任。

（4）工资集体协商双方首席代表可以书面委托本单位以外的专业人员作为本方协商代表。委托人数不得超过本方协商代表人数的三分之一。首席代表不得由非本单位人员担任。

（5）工资集体协商代表的组成原则是：第一，适合原则。根据工资集体协商内容的难易程度和复杂程度及工作量大小来确定协商代表人数。第二，结构原则。工资集体协商代表人员配备要考虑人员结构的合理与配套，一般包括熟悉生产经营管理人员、熟悉劳动工资人员、精通财务人员、熟悉法律人员等。第三，精干原则。工资集体协商代表人员要尽量少而精，避免臃肿低效。第四，对应原则。双方参加工资集体协商人员的数量应当对等，也可根据对方代表的专业情况，选派相应的代表参加。

（6）用人单位协商代表与职工协商代表不得相互兼任。

100. 委托本单位外的专业人士担任协商代表应注意的事项有哪些？

在委托本单位以外的专业人士担任协商代表时应注意四点：

（1）被委托的人员应能弥补本方协商代表知识结构的不足；

（2）采取书面形式委托；

（3）委托人数不能超过本方代表人数的三分之一；

（4）被委托的人员不能担任首席代表。

101. 工资集体协商代表的职责是什么？

依照相关规定，工资集体协商代表应履行下列职责：

（1）参加职工工资集体协商；

（2）及时向本方人员公布协商情况并征求意见，接受本方人员的询问；

（3）提供与职工工资集体协商有关的真实情况和资料；

（4）代表本方参加职工工资集体协商争议的处理；

（5）监督工资专项集体合同的履行；

（6）法律、法规和规章规定的其他职责。

102. 双方首席代表的主要职责是什么？

根据《工资集体协商试行办法》第十一条的规定，协商双方的首席代表在工资集体协商期间除履行协商代表的职责外，还要轮流担任协商会议执行主席。协商会议执行主席的主要职责是，负责工资集体协商有关组织协调工作，并对协商过程中发生的问题提出处理建议。

103. 工资集体协商代表有哪些权利和义务？

工资集体协商代表享有以下权利：

（1）提出集体协商的要求及协商事项；

（2）要求对方提供与工资集体协商有关的资料和情况；

（3）对协商规则等程序性事项提出意见和建议；

（4）依法进行工资集体协商，就协商事项发表意见，包括提出建议、进行陈述、表示赞成或否决；

（5）代表本方参与订立、变更、解除工资专项集体合同；

（6）接受首席代表委托，代签集体协议；

（7）企业内的协商代表参加工资集体协商视为提供了正常劳动。

权利和义务是对等的，工资集体协商代表在享有权利的同时，还应承担以下义务：

（1）了解掌握企业生产经营状况和职工工资分配情况，广泛征求各方面意见，全程参加工资集体协商，真实反映和代表本方的意愿；

（2）接受本方人员对工资集体协商有关问题的质询，及时向本方人员告知协商情况并征求意见；

（3）对对方协商代表提出的问题、要求应予以答复；

（4）应当如实向对方提供本方与工资集体协商有关的真实情况和资料；

（5）遵守保密法律法规，保守企业的商业秘密；

（6）维护企业正常的生产、工作秩序，不得采取威胁、收买、欺骗等行为；

（7）尊重对方协商代表的人格，不得采取歧视性、胁迫性行为；

（8）对协商过程中的各类信息保密。

104. 应对职工方工资集体协商代表采取哪些保护措施？

按照《集体合同规定》和《工资集体协商试行办法》的相关规定，对职工方的协商代表应采取以下保护措施：

（1）企业不得以任何借口对职工方协商代表进行打击报复。

（2）企业应当保证协商代表履行职责所必需的时间，协商代表收集相关资料、参加工资集体协商活动及参加相关会议、进行培训等活动，应当视其提供了正常劳动，保证其工资、奖金、津贴、补贴、社会保险、福利等待遇不变。

（3）企业不得因职工方协商代表履行职责而调整不利于协商代表的工作岗位和免除职务、降低职级。确因工作需要变更职工方协商代表工作岗位的，应当事先书面征得企业工会、上级工会和职工本人同意。企业经济性裁减人员时，职工方协商代表有优先保留工作的权利。

（4）职工方协商代表任期内劳动合同期满的，劳动合同期限自动延长至任期满之时，除个人严重过失外，企业不得与其单方面解除劳动合同。

105. 在什么情况下，用人单位可以与职工方协商代表解除劳动合同？

根据《集体合同规定》第二十八条的规定，职工方协商代表在其履行协商代表职责期间劳动合同期满的，劳动合同期限自动延长至完成履行协商代表职责之时，除出现下列情形之一的，用人单位不得与其解除劳动合同：

（1）严重违反劳动纪律或用人单位依法制定的规章制度的；

（2）严重失职、营私舞弊，对用人单位利益造成重大损害的；

（3）被依法追究刑事责任的。

106. 什么是工资集体协商要约?

工资集体协商要约行动，是工资集体协商主体的任何一方依法就签订工资专项集体合同相关事宜，以书面形式向对方提出进行工资集体协商要求的行动。提出工资集体协商要约，是开展工资集体协商和签订工资专项集体合同的法定程序。

107. 开展工资集体协商要约遵循的原则是什么?

开展工资集体协商要约遵循的主要原则是:

（1）坚持依靠党的领导，与政府有关部门密切配合，借助社会力量合力推进;

（2）坚持遵守法律、法规和国家有关规定，加强要约行动规范化建设;

（3）坚持互相尊重、诚实守信、公平合作、兼顾双方合法权益;

（4）坚持从实际出发，分类指导，因地因企制宜，突出重点，着力破解劳动关系中的突出矛盾和问题，提高实效;

（5）坚持工会主动要约，积极作为，不断提高协商质量水平。

108. 工资集体协商要约行动的内容是什么?

工资集体协商要约书除了应当包括提出进行集体协商的时间、地点和议题等之外，还应附有协商代表资格认定书。应围绕劳动报酬、工作时间、休息休假、劳动安全卫生、保险福利、职工培训、劳动纪律以及劳动定额管理等直接涉及劳动者切身利益的事项，确定工资集体协商要约行动的内容。根据实际情况，每年可确定 1 ~ 2 个要约协商主题，有重点、有目标地开展工资集体协商要约行动。对于工资专项集体合同履行中出现的问题，也可通过工资集体协商要约行动予以解决。

109. 收到工资集体协商要约应如何处理？

（1）要约答复

根据《集体合同规定》的相关规定，一方提出进行工资集体协商要求的，另一方应当在收到工资集体协商要求之日起20日内以书面形式给予回应，并在规定时间内向对方提供本方与工资集体协商有关的情况和资料，无正当理由不得拒绝进行工资集体协商。

（2）暂缓协商处理

企业认为开展工资集体协商条件不成熟请求暂缓的，应当书面向发起要约的工会说明情况，发起要约的工会将情况说明书存档，并向当地人力资源和社会保障部门、上级工会报告。

（3）不予回应的处理

企业行政方在收到要约书之日起20日内不予书面回应，企业工会不能通过协商途径解决的，当事人一方或双方可以书面向有管辖权的人力资源和社会保障部门提出协调处理申请，由人力资源和社会保障部门组织同级工会和企业代表组织等三方面人员共同协调处理。

110. 开展工资集体协商要约行动的重点是什么？

按照全国总工会《关于开展集体协商要约行动的意见》的要求，开展工资集体协商要约行动，应立足当前，着眼长远，提高集体合同建制率，扩大覆盖面。当前，工会开展工资集体协商要约行动重点在以下企业进行：

（1）没有开展工资集体协商和签订集体合同的；

（2）集体合同已经到期需要续签或重新签订的；

（3）没有开展工资集体协商并签订工资协议的；

（4）企业职工工资长期不增长、低增长或50%的职工工资低于当地职工平均工资50%的；

（5）实行年薪制的国有和国有控股、集体企业。

111. 如何选择要约时机？

开展工资集体协商，建立工资协商制度，必须把握好第一次协商的时机。选择最佳时机向资方提出工资集体协商要约，是成功开展第一次工资集体协商的关键所在。企业进行第一次工资集体协商有两种情况，一种是根据企业发展的需要，经营者主动进行工资集体协商；另一种是经营者被动进行工资集体协商，例如：

（1）企业劳动关系紧张，矛盾激化，出现重大劳动关系事件时；

（2）技术人员严重外流时；

（3）企业间出现恶性竞争时；

（4）企业需要扭亏时；

（5）把握劳权与市场订单挂钩规律；

（6）政府发布工资指导线；

（7）企业劳动生产率提高；

（8）城镇居民消费价格指数增长等。

112. 工会如何落实工资集体协商要约行动？

工会应认真做好工资集体协商要约行动各个环节的工作，规范程序，务求实效。在启动工资集体协商要约行动前，应做好调查研究工作，广泛征求职工对协商事项的意见，掌握本地区、本行业和企业开展工资集体协商和签订集体合同工作的基本情况；明确不同时期、不同地区和不同行业开展协商要约行动的范围，实施要约行动的重点单位和目标；确定要约行动需要解决的主要问题，增强要约行动的针对性和实效性。

在实施工资集体协商要约行动中，应根据确定的协商内容和协商程序，在法律法规和政策框架内，敢于和善于有理、有力、有节地与企业进行平等协商，充分表达和维护职工合法权益。在开展工资集体协商要约行动后，应及时向职工公布协商情况，依据平等协商和集体合同规定的内容，实事求是、突出重点，量化标准、细化程序，根据实际需要确定集体合同形式的要求，签订好集体合同和专项集体合同。

113. 工会提出工资集体协商要约行动有困难的，该怎么办？

企业工会提出工资集体协商要约行动有困难的，其上一级工会可依法代替基层工会向企业提出工资集体协商要约。小企业相对集中和行业集聚地区，县级以下区域工会或产业工会组织可以向相应一级的企业代表组织提出协商要约，通过集体协商和签订区域性行业性集体合同覆盖各类小企业。根据需要，区域工会或产业工会组织也可对本区域、本产业内所属企业直接发出工资集体协商要约，同企业方开展工资集体协商和签订集体合同。

114. 如果企业拒绝了工会提出的工资集体协商要约，工会该怎么办？

用人单位无正当理由拒绝工会或者职工代表提出的工资集体协商要约的，按照《工会法》第五十三条的有关规定，由县级以上人民政府责令改正，依法处理。工会要坚持集中要约与动态要约相结合，单个要约与区域性行业性要约相衔接，与政府相关部门密切配合，推动形成“工会主动要约——提出整改建议——责令改正——执法追究”的工作链。工会提出工资集体协商要约后，企业方不按期回应或拒绝进行工资集体协商的，上级工会应依法下达“整改建议书”，提出整改建议；对逾期不改的企业，工会可提请劳动保障部门责令其改正，直至追究其行政或法律责任。

115. 工会大力开展集体协商要约行动的最新举措有哪些？

根据《中华全国总工会深化集体协商工作规划（2014—2018 年）》的相关内容，工会大力开展工资集体协商要约行动的最新举措包括：

（1）普遍开展工资集体协商集中要约行动

省级总工会要加强对集中要约行动的部署、指导。地市级和县级总工会要制定集中要约行动的工作方案，通过举行启动仪式、召开动员会等形式，每年定期组织开展集中要约行动。有条件的地区，可以由省级总工会或者推动省级协调劳动关系三方统一组织实施集中要约行动。

（2）不断丰富要约形式

各级地方总工会要坚持集中要约与动态要约相结合，在积极组织本地区开展集体协商集中要约行动的同时，创造条件鼓励基层工会依据企业（行业、区域）实际，适时以更加灵活多样的形式向企业或企业代表组织提出更具针对性的协商要约。可针对重点行业、重点区域以及国有企业、世界 500 强在华企业中未建制企业开展专项要约。

（3）建立完善要约相关制度

上级工会要指导和帮助基层工会依法主动行使要约权，督促企业或企业代表组织按时应约并提供与开展工资集体协商相关的企业经营信息。基层工会提出协商要约有困难的，可由其上一级工会代表基层工会向企业或企业代表组织提出协商要约。对企业或企业代表组织不按时回应或拒绝进行工资集体协商的，上级工会要依法提出整改意见书或约谈其负责人，督促其开展工资集体协商；对逾期不整改的，上级工会应提请劳动行政部门责令其限期改正。

116. 工会如何做好工资集体协商的舆论宣传工作？

企业工会要通过各种途径和形式，大力宣传工资集体协商的重要意义，宣传工资集体协商的基本知识和有关规定，使企业经营管理人员和广大职工了解有关工资、福利，平等协商和集体合同制度的法律法规和政策规定；引导职工关注自身权益，又能知晓兼顾各方利益、实现共赢的道理。从而提高认知度，达成共识，为开展工资集体协商奠定坚实的思想基础，营造良好的氛围。

117. 如何做好工资集体协商的资料搜集工作？

（1）熟悉有关法律法规

在开展工资集体协商前，工资集体协商代表应当认真学习、了解与工资集体协商有关的国家和地方的法律、法规、规章和制度，如《劳动法》《工会法》《劳动合同法》《集体合同规定》《工资集体协商试行办法》等，为集体协商提供法律和政策支撑。

（2）搜集了解与工资集体协商有关的情况和资料

进行工资集体协商需要用事实和数据说话，相关资料准备是否充分，直接关系到协商工作成功与否。资料搜集要有针对性，越详细越好。搜集的资料包括外部资料和内部资料两部分。

企业外部资料主要包括：当地政府发布的工资指导线、劳动力市场工资指导价位、城镇居民消费价格指数等；还有国内同一投资主体的企业职工年平均工资水平，本地区或其他地区同行业企业工资水平及工资集体协商的有关情况，国有、集体、外商投资企业以及私营企业中相同行业的职工年平均工资水平和增减比例等。

企业内部资料主要包括：企业生产经营状况、劳动生产率、经济效益、财务情况、企业的各项规章制度和管理制度等。对于外资企业还应关注企业文化和习惯做法，公司在其他国家的经营状况和职工收入情况。

（3）搜集信息资料的主要方法

搜集信息资料的主要方法包括：查询有关档案、资料；走访统计、物价、人力资源和社会保障等部门；向企业财务人员、人力资源部门人员等进行咨询。

资料搜集完毕后，应做好资料的分析和整理工作，去伪存真，去粗取精，做一些图表和计算，以保证协商资料准确无误。

118. 如何确定工资集体协商的议题？

（1）收集各方意见

协商双方应广泛收集职工和企业各部门、各单位的意见或建议。通过召开工会小组会、职工座谈会、问卷调查等形式，广泛了解职工群众在工资福利方面的意愿和要求。

（2）议题筛选环节

工会要将职工的意见进行归纳整理，结合政策和企业的实际情况进行研究，掌握职工最关心最直接最现实的利益问题，提出的协商议题充分体现多数职工的意愿。

（3）议题沟通环节

在议题确定过程中，工会与企业方的沟通很重要，尤其是对于重要问题、敏感性问题或可能会产生分歧的问题，会前的非正式协商会尤为重要。工会先要征求企业职能部门的意见，对议题做进一步的修改和调整，然后由工会负责人与企业领导人就议题进行沟通协调。在建立党委的企业，工会需主动向党委汇报协商议题，获得党委支持，也可借助党委与行政进行协调。

119. 工资集体协商之前还有什么需要准备的事项?

（1）拟订协商方案

制订集体协商实施方案，包括集体协商目标、措施、方法、工作日程、协商论据、策略等。

（2）有关人员确定

对协商人员进行角色分工，明确每个协商代表要阐述的主要问题，做到有的放矢。协商双方可以聘请本企业以外的专业人员，作为本方协商顾问，参加集体协商。

（3）确定协商记录员

协商双方共同确定一名非协商代表担任集体协商记录员。记录员应保持中立、公正，并为协商双方保密。

120. 召开工资集体协商会议的程序是什么?

工资集体协商会议一般按照下列程序进行：

（1）会议执行主席宣布工资集体协商开始，并宣读会议议程和会议纪律；

（2）一方首席代表提出协商的具体内容和要求，另一方就对方的要求作出回应；

（3）协商双方就商谈事项发表意见，开展充分讨论；

（4）双方首席代表归纳意见。达成一致意见的，按规定制作工资集体协商协议草案，由双方首席代表签字。未达成一致意见或出现事先未预料的情况时，经双方协商同意，可以暂时中止协商。协商中止期限最长不得超过30天。具体中止期限及下次协商时间、地点、内容由双方共同商定。在双方协商不成时，当地协调劳动关系三方应及时介入和协调处理工资集体协商争议。

121. 如何起草工资专项集体合同?

成立工资专项集体合同起草委员会或起草小组，主持起草专项集体合同，由企业行政和工会各派代表若干，推选工会和企业行政代表各一人，负责工资专项集体合同起草，提出工资专项集体合同草案。

一般而言，工资专项集体合同包括以下几个部分：

（1）工资专项集体合同名称。

（2）序言。相当于总则，写明签订工资专项集体合同的目的、意义、依据等。也可以省略序言直接进入正文，把正文的第一部分作为总则。

（3）正文。即工资专项集体合同的基本条款，也是工资专项集体合同的核心部分。

（4）结尾。多放在“附则”一章，包括工资专项集体合同的有效期限，工资专项集体合同的正、副本的份数及法律效力，正本保管何处，副本发放何处；双方首席代表签字盖章；工资专项集体合同签订的年、月、日及签订地点等。

122. 起草工资专项集体合同应注意什么问题?

起草工资专项集体合同应当注意以下几个问题：

（1）内容要合法；

（2）要反映和体现企业实际，不要照抄照搬；

（3）要有可操作性，表述要具体明确，便于双方当事人履行；

（4）使用概念要准确、严谨。不能使用含糊不清或容易发生分歧的概念、术语；

（5）用字要正确，不漏字、不多字，标点符号规范化。

123. 职工（代表）大会审议工资专项集体合同草案的程序有哪些？

工资专项集体合同草案应当提交职工（代表）大会审议通过，否则形成的工资专项集体合同无效。

职工（代表）大会审议工资专项集体合同草案的具体程序是：

（1）清点代表出席人数。参加职工（代表）大会的代表有三分之二以上出席会议方为有效；

（2）把印制好的工资专项集体合同草案发至职工代表人手一份；

（3）宣读工资专项集体合同草案，宣读人可由工会和企业双方共同议定；

（4）作出说明。由工会主席或企业法定代表人就工资专项集体合同的产生过程、主要劳动标准确定的法律依据以及职工和管理者各自应承担的主要义务作出说明；

（5）分组讨论草案。以职工代表团（组）为一个讨论单位，认真讨论工资专项集体合同，各代表团（组）应认真做好记录；

（6）大会主席团听取各职工代表团（组）的意见并进行必要的说明，取得大多数职工代表的认可；

（7）大会表决。采取无记名投票表决方式。超过半数的职工或职工代表同意，工资专项集体合同草案方获通过；

（8）形成职工（代表）大会决议。

124. 工资集体协商过程中发生争议应如何处理？

根据《劳动法》第八十四条规定："因签订集体合同发生争议，当事人协商解决不成的，当地人民政府劳动行政部门可以组织有关各方协商处理。"上级工会应当积极代表职工参与争议的处理，也可请有关专家参与争议的调处。

125. 工资专项集体合同草案通过后为什么需要首席代表签字?

工资专项集体合同草案经职工（代表）大会审议通过后，由工资集体协商首席代表签字。签字是工资专项集体合同订立过程中的一个必要手续和必经法律程序，是集体合同的形式要件，不得轻视或不履行签字续。

126. 工资专项集体合同签订后，需报送劳动保障行政部门进行审查的材料有哪些?

根据《集体合同规定》的规定，集体合同或工资专项集体合同签订或变更后，应当自双方首席代表签字之日起 10 日内，由用人单位一方将文本一式三份报送劳动保障行政部门审查。劳动保障行政部门对报送的集体合同或工资专项集体合同应当办理登记手续。

企业行政方应将下列材料报送劳动保障行政部门进行审查：

（1）用人单位基本情况及法人资格证明；

（2）双方协商代表材料，首席代表的基本情况及代表资格证明材料；

（3）工资集体协商记录；

（4）职工（代表）大会审议的意见；

（5）工资专项集体合同文本；

（6）对工资集体协商及签订过程和对工资专项集体合同的说明；

（7）工资专项集体合同附件材料。

127. 劳动保障行政部门如何审核工资专项集体合同？

劳动保障行政部门应当对报送的工资专项集体合同的下列事项进行合法性审查：

（1）工资集体协商双方的主体资格是否符合法律、法规和规章的规定；

（2）工资集体协商程序是否符合法律、法规、规章规定；

（3）工资专项集体合同内容是否与国家规定相抵触。

劳动保障行政部门经审查对工资专项集体合同无异议，应及时向协商双方送达《工资专项集体合同审查意见书》，工资专项集体合同即行生效。

劳动保障行政部门对工资专项集体合同有修改意见，应将修改意见体现在《工资专项集体合同审查意见书》中通知协商双方。双方应就修改意见及时协商，修改工资专项集体合同，并重新报送劳动保障行政部门。

工资专项集体合同向劳动保障行政部门报送经过 15 日后，合同双方未收到劳动保障行政部门的《工资专项集体合同审查意见书》，视为已经得到劳动保障行政部门同意，该工资专项集体合同即行生效。

128. 工资专项集体合同生效后，应如何公布？

工资专项集体合同生效后，协商双方应于 5 日内将工资专项集体合同以适当的形式（如张榜公布、通告等）向本方全体人员公布，由全体职工监督履行。双方根据各自的职责，全面履行工资集体协议的规定。

五 工资集体协商的策略和技巧

129. 工会在工资集体协商过程中应把握的原则有哪些？

（1）控制原则

在工资集体协商过程中，工会或职工协商代表要始终把目的放在自己要到达的目标上，想方设法使协商谈判逐渐靠近自己的目标。

（2）协调原则

在工资集体协商过程中，工会或职工协商代表必须明确每名代表应该做什么以及选择何种适当时机发表看法。

（3）听取原则

在工资集体协商过程中，工会和职工协商代表必须聆听和理解对方观点的内容和实质，以便捕捉所需的信息。如果企业行政方的允诺符合自己的要求，就应该确定下来。

（4）休会原则

在工资集体协商过程中，若双方协商陷入僵局时，应及时建议休会，以便各自作出对策选择。

130. 工会在工资集体协商过程中应注意什么问题？

（1）注意工资集体协商中的“心理战”

要警惕对方代表采用温和态度的心理战术而降低协商要求；也要防止对方代表持强硬态度对我方代表施加压力而降低协商要求。在协商准备阶段，工会要对协商代表进行协商心理的培训。

（2）要“打”有准备的“仗”

工资集体协商前期多方面的准备工作非常重要，资料准备要尽量详实。

（3）要及时同职工或职工代表沟通

工会要将协商的进展情况及时向职工群众公布，取得职工群众的支持和理解。

（4）接受上级工会和政府部门的支持和帮助

基层工会进行工资集体协商前后，要主动向上级工会汇报有关情况，争取上级工会的指导和帮助。

（5）监督协商结果的履行

首先，协商记录要双方参加协商的代表或首席代表签字；然后，要整理好协商结果，力求条款式，语言要简明；协商结果整理完后，双方所有的协商代表都要在协商结果上签字，认同和接受协商结果。经双方协商代表签字的协商结果具有法律效力，企业和劳方都应该遵守，工会有责任监督协商结果的履行。

（6）重视机制建设

工会要通过开展工资集体协商，建立起企业工资集体协商制度，使之制度化、经常化、规范化，避免因工会主席换人工资集体协商工作就停滞不前的现象发生。

131. 工资集体协商过程中可运用哪些策略?

（1）双赢策略

在工资集体协商过程中，既要考虑职工的利益，也要兼顾企业方面的利益，使双方共同受益。

（2）重点切入策略

工会在工资集体协商中，可以从不同角度对工资的增长幅度进行测算，在此基础上准备几种方案，并从中选择理由最充分、最有说服力的方案作为工资协商的切入点，争取满意的结果。

（3）让步策略

工资集体协商实践中，让步是使协商能够继续进行并取得协商成功的常用策略。让步涉及众多因素，包括采用什么方式让步、什么时候让步、怎么让步等。让步的原则和策略主要有：一次让步的幅度不易过大，让步的节奏也不宜太快，最好是“步步为营”；不要作无谓的让步；让步要让在刀口上；让步的时间选择要恰当；提供充分理由帮助对方做出让步；双方的让步要同步进行。

一般认为，涉及全体员工整体利益的问题必须坚持，涉及少数人利益的问题可以暂时让步；涉及员工工资收入增长幅度的问题要全力争取，涉及员工一般性福利待遇的问题可暂时放弃。总的来讲，要掌握好进退的尺度。

（4）迂回策略

协商实际就是一种谈判，既然是谈判就不可能每个问题的看法都一致，谁都不肯让步使协商难以继续的局面，也就是所谓的“僵局”。为避免出现僵局，要及时启动替代方案来达到相同的目的，这就是迂回策略。

（5）借用第三方策略

以有关问题请示政府劳动保障行政部门或上级工会，让劳动保障行政部门和上级工会讲话，促成问题的解决。

（6）留有余地策略

对劳方来说，留有余地一是体现在劳方的增资建议书里，二是体现在整个协商过程中。如果是劳方提出年度工资增长建议，建议中的增资比例一定要留有余地，给协商留有一定的空间。

132. 协商中各个阶段的特点及相应技巧是什么？

（1）提出议题阶段的技巧

工会方可以提出多方面的要求，涵盖“不现实”的要求，为以后的协商开创一个让步空间。职工方代表也要提出较高的要求，表现代表的责任和意愿。工会提出的协商议题还必须主动向党委汇报，取得党委支持，有些问题要借助党委与行政进行协调。

（2）专项问题的协商安排技巧

非工资福利的内容（如工作纪律、职业安全等），相对而言会较容易达成一致，可以安排在前面确定下来。而工资、福利等涉及成本的内容往往分歧要大一些，可以安排在最后确定。

（3）破解协商中僵局的技巧

协商中期是关键期，合作与分歧并存，如果暂时无法使协商向共同的利益方向发展，就会产生僵局。有些僵局通过重新沟通，矛盾迎刃而解；有些互不相让，协商时间拖延，问题悬而难解。

破解僵局有如下思路：①换位思考，寻找利益共同点，构筑双方都能接受的方案；②寻找替代方案，及时挽救局面；③对无理要求据理力争，有理有据，机智应对；④抓住对方漏洞，借题发挥，旁敲侧击，让对方愿意合作；⑤有效退让，放弃无关紧要的“牺牲条款”，这样有更充分的理由向对方提出更重要的要求；⑥利用调解人缓和双方矛盾，达成谅解，使协商继续推进等。

（4）协议未达成时的技巧

如果双方无法如期就相关问题达成协议，双方应该注意事情的微妙变化，防止敏感性事件的发生；如果有意外发生，应及时予以处理和平息。

133. 协商用语有哪些特点？

在工资集体协商中，双方的接触、沟通与合作都是通过语言表达来实现的，所以，协商代表的语言表达能力十分重要。

（1）客观性

协商语言的客观性体现为介绍情况要真实，提出的要求恰当可行，照顾到双方的利益，使双方自然而然地产生“以诚相待”的印象，从而促使双方立场、观点相互接近，为下一步取得协商成功奠定基础。中国有句古话“事实胜于雄辩”，协商中，言过其实的修饰词往往让人听起来觉得虚假和不可信，甚至令人厌恶、反感；而典型的事实和准确的数据往往更具有说服力。

（2）针对性

协商语言的针对性是指语言要始终围绕主题，有的放矢。模糊、啰唆的语言，会使对方疑惑、反感，降低己方威信，成为协商的障碍。具体地说，协商语言的针对性包括：针对某次协商的具体内容，针对某个具体对手，针对同一个对手的不同要求等。比如，协商语言要针对某个具体的对手，根据协商对手的文化程度、知识水平、接受能力、个性习惯、需求状况等差异，要有不同的协商语言。

（3）逻辑性

协商语言的逻辑性是指协商者的语言要符合思维的规律，表达概念要明确，判断要准确，推理要严密，要充分体现其客观性、具体性，论证要有说服力。

（4）规范性

协商语言的规范性是指协商过程中的语言表达要文明、清晰、严谨、精确。协商语言必须坚持文明礼貌的原则，符合工资集体协商的特点和职业道德要求。协商所用语言必须清晰易懂，协商时的语调应当注意抑扬顿挫、轻重缓急，避免吐舌挤眼、语不断句、嗓音微弱、大吼大叫或感情用事等。协商语言应当准确、严谨，特别是在讨价还价等关键时刻，更要注意一言一语的准确性。

134. 如何有效使用协商的语言技巧？

（1）发言掌握时机

对方发言时，尽量保持沉默倾听，这样不仅可以促使对方在本方发表意见时也耐心倾听，而且可以使你了解对方的看法，感受对方的情绪，掌握对方的真实意图。如有不清楚的地方，应当在对方代表发言结束后提问，不要中间插话。在对方发言时，尽量不要去构思你的答辩，要从对方的立场去了解对方的看法、需求和顾虑，然后从正面的角度叙述对方的观点，表示你已了解或理解对方。

（2）表达方式婉转

协商中应当尽量使用委婉的语言，这样易于被对方接受。比如，在提出自己的意见之前，应当用委婉的方式先问对方的意见，让对方有被尊重的感觉，这样容易达成一致。

（3）准确表达

发言应尽可能简短、清晰、把握重点，避免含混不清和拐弯抹角。要适时、准确地传递本方掌握的信息资料，以增强本方的协商实力，并与本方代表沟通一致，查缺补漏、互为支撑，做到有理有据，不卑不亢。特别是要采取宽容的态度，避免使用对抗性语言。

（4）灵活应变

协商形势的变化是难以预料的，往往会遇到一些意想不到的尴尬场面。在这种情况下，协商代表应使用灵活应变的语言缓和气氛，同时利用休会的方式搜集有力的辅证材料，增强说服力，掌握协商的主动权。

（5）恰当使用肢体语言

在协商过程中，可以通过姿势、手势、眼神、表情等肢体动作表达自己的情绪和意图，在有些特殊环境里能够取得意想不到的效果。

135. 协商中成功说服有哪些步骤？

成功说服的三个步骤是：

（1）进入对方的世界，取得共同语言；

（2）针对对方的心理，发现对方的需要；

（3）根据对方的需要，建立新的理念。

136. 说服的方法有哪些?

（1）苏格拉底法（最聪明的说服术）。其原则是，开始时不要讨论双方的分歧点，而着重强调彼此共同的观点，取得完全一致以后，自然而然地转向自己的主张。

（2）摆事实法。摆出大量的准确无误的事实——对对方不利的或者证明对方观点是错误的事实。

（3）设身处地法。站在对方的立场，设身处地为对方着想。

（4）对比说服法。将正反理由、得失情况、优劣程度等进行全面分析。

137. 如何正确运用说服的技巧?

（1）协商开始时，先讨论容易解决的问题，再讨论容易引起争论的问题。例如：可以先讨论企业最低工资标准问题，把最敏感、最容易引起争议的提高工资水平问题作为最后一个议题。

（2）先谈好的信息，再谈不好的信息，要把好坏两方面和盘托出，避免报喜不报忧。

（3）强调对对方有利的条件、条款，激发对方在自身利益认同的基础上，接纳你的意见和观点。

（4）说服前要注意精心设计开头和结尾。

（5）多向对方传递信息，必要时可以多次重复某些信息和观点，这样可以影响对方，增进对方对这些信息和观点的了解与接纳。

138. 说服的过程中有什么忌讳?

（1）不要一开始就批评对方、指责对方。例如：不能一上来就抱怨职工收入水平低，劳动强度大，应先对企业方对职工工作、生活的关注予以肯定。

（2）不要只说自己的理由。

（3）不要把自己的意见和观点强加于对方。

（4）不要操之过急、急于求成，避免协商陷入僵局。

（5）不要过多地讲大道理，要用事实和数据说话，为自己一方的协商目标提供有力支撑。

六 行业性、区域性工资集体协商

139. 什么是行业性工资集体协商?

行业性工资集体协商是指在同行业企业相对集中的区域，由行业工会组织代表职工与同级企业代表或企业代表组织，就行业内企业职工工资水平、劳动定额标准、最低工资标准等事项，开展工资集体协商签订行业性集体合同的行为。推进行业性工资集体协商，建立行业性工资集体协商制度，是我国平等协商集体合同制度的一种重要形式。

140. 行业性工资集体协商的优势是什么?

行业性工资集体协商适应了我国非公有制中小企业快速发展和劳动关系深刻变化的需要，是加快建立行业内劳动关系协调机制、实现工会主动依法科学维权的重要手段，也是扩大工资集体协商覆盖面、增强工资集体合同实效性的重要举措。

(1) 开展行业性工资集体协商工作，有利于推动建立企业职工工资共决机制、正常增长机制和支付保障机制，构建职工对工资分配的民主参与和监督机制。

(2) 行业性工资集体协商可以超越我国企业规模结构的分散性，克服单个企业工会势单力薄的不利局面，可以极大地节省工资集体协商的建会成本和协商成本。

(3) 可以更好地集中专家的力量，避免单个企业协商代表素质不高，不会谈、不能谈的局面。

(4) 有效解决了我国工会组织的依附性，行业性工资集体协商有利于行业工会与行业企业组织对本行业工资标准和工资增长进行平等协商，从而真正实现行业层面的劳资共决工资，解决了单个企业工会不敢谈的问题。

（5）行业性工资集体协商覆盖人群更广泛。

（6）有利于规范行业发展，行业性工资集体协商通过制定统一的劳动定额、工时工价标准，能有效克服行业内无序竞争，优化经济发展环境。

（7）行业性工资集体协商使同行业的劳动成本趋于平均化，企业只有通过技术改造才能获得超额利润，有助于提升行业整体素质，提高区域经济竞争力。

141. 行业性工资集体协商的协商范围有哪些？

同一行业的企业，特别是同行业非公有制中小企业、劳动密集型企业相对集中的地区，是开展行业性工资集体协商工作的重点。行业性工资集体协商依法在县级以下区域内的乡镇、街道、社区和工业园区开展。有条件的地方也可以从实际出发，探索在县（区）及以上开展行业性工资集体协商工作。《中华全国总工会深化集体协商工作规划（2014—2018 年）》提出，拓展行业性工资集体协商领域，在推进建筑、采矿、餐饮服务等劳动密集型企业相对集中的行业开展工资集体协商的基础上，把行业性工资集体协商领域逐步向新兴产业、知识密集型产业及实行企业化管理的事业单位延伸，实现县级以下区域内基础扎实、条件成熟的行业普遍建立行业性工资集体协商制度。

142. 行业性工资集体协商的协商内容有哪些？

一般来说，工资集体协商的内容原则上也可适用于行业性工资集体协商。其内容主要包括：（1）工资协议的期限；（2）工资分配制度、工资标准和工资分配形式；(3) 职工年度平均工资水平及其调整幅度；(4) 奖金、津贴、补贴等分配办法；(5) 工资支付办法；(6) 变更、解除工资协议的程序；(7) 工资协议的终止条件；(8) 工资协议的违约责任；(9) 双方认为应当协商约定的其他事项。

行业性工资集体协商的重点是：行业最低工资标准、工资调整幅度、劳动定额和工资支付办法等。当前，应重点围绕劳动定额、工时工价标准进行协商，逐步建立和完善劳动定额标准的协商共决机制。劳动定额和工时工价标准的确定，必须符合国家和地方有关法律法规的规定，以"在法定工作时间内，正常劳动条件下，90% 以上职工能够完成"为原则，做到科学合理。随着先进技术的应用和劳动生产率的提高，双方应通过集体协商及时修订劳动定额和工时工价标准。行业内各企业工会，还可以根据本企业实际，通过平等协商，就劳动定额、工时工价标准或工资标准等相关问题与企业行政签订补充协议。

143. 行业性工资集体协商主体是什么？

开展行业性工资集体协商，可根据实际确定协商主体：一是由行业工会或联合会与行业内企业代表组织进行协商；二是由行业工会与行业内企业方推荐产生的代表进行协商；三是由行业工会与行业所属各企业行政进行协商；四是未组建行业工会的，可由行业所在区域的工会代行行业工会的职能，与企业代表组织进行协商。

144. 如何选好行业性工资集体协商代表？

行业性工资集体协商代表要按照《集体合同规定》所规定的程序产生。职工方协商代表由行业工会选派，职工方首席协商代表一般由行业工会主席担任。未组建行业工会的，职工方协商代表由行业所在区域工会选派，职工方首席协商代表可由行业所在区域相应一级的工会主席担任，也可由上级工会选派或在上级工会指导下从本行业内企业工会主席中民主推举产生。集体协商双方的代表人数应当对等，一般每方 3－10 人。双方首席代表可以书面委托专家、学者、律师等专业人员作为本方的协商代表，但委托人数不得超过本方代表的三分之一。

145. 开展行业性工资集体协商有哪些方式？

开展行业性工资集体协商，主要有以下几种具体方式：

（1）组织对组织的协商。即由行业工会组织与相应行业协会组织或商会组织进行平等协商，签订行业性集体合同。

（2）组织对代表协商。即由行业工会组织与行业内各企业民主推选的代表进行协商，达成行业工资标准等共识，并签订行业性集体合同，由行业内各企业遵照执行。

（3）组织对企业的协商。即由行业工会组织与行业内各企业行政逐个进行工资集体协商，分别与各企业签订符合其实际的行业性集体合同。

（4）上代下开展协商。未组建行业工会的，可由行业所在区域的工会代行行业工会的职能，与企业代表组织进行协商。在实践中，各地工会可以采取切合地方实际的方式，确定协商主体，开展行业性工资集体协商。

146. 开展行业性工资集体协商的步骤是什么？

开展行业性工资集体协商，要严格按照《集体合同规定》履行协商程序，充分表达行业职工的意愿要求，协议内容应得到双方的一致认可。一般应有以下几个步骤：

（1）以书面形式向企业方提出协商要约或回复企业方提出的协商要约。

（2）做好协商前的各项准备工作，特别是熟悉掌握相关法律、法规、政策规定，收集了解相关资料、信息及企业和职工意见，确定行业性工资集体协商议题。

（3）进行集体协商，在双方协商一致的基础上形成行业性集体合同（草案）。在行业性集体合同框架下，企业结合自身实际开展二次工资集体协商的，其确定的劳动报酬标准不应低于行业性集体合同规定的标准，具体做法应参照《工资集体协商试行办法》等有关规定进行。

（4）行业性集体合同签订后10日内，工会应当协助企业方将行业性集体合同文本一式三份及说明，报送当地劳动行政部门审查。劳动行政部门审查同意后，行业性集体合同即行生效。双方协商代表应将已经生效的行业性集体合同以适当形式及时向行业内企业和全体职工公布。

（5）行业性工资集体协商未达成一致意见或出现事先未预料的问题时，经双方同意中止协商的，工会应积极做好向职工说明情况和下次协商的相关准备工作。

行业性工资集体协商一般每年进行一次。工会可在原行业性集体合同期满前3个月内，向企业方书面提出重新签订或续订的要求，并发出协商要约。

147. 行业工资调整应考虑哪些因素？

行业工资调整、协商确定行业职工年度工资水平和劳动定额、工时工价，应符合国家有关工资分配的宏观调控政策，并综合考虑以下因素：

（1）地区、行业、企业的人工成本水平；

（2）地区、行业的职工平均工资水平；

（3）当地政府发布的工资指导线、劳动力市场工资指导价位；

（4）本地区城镇居民消费价格指数；

（5）企业劳动生产率和经济效益；

（6）上年度职工平均工资水平；

（7）行业企业的可持续发展；

（8）其他与行业工资集体协商有关的问题。

148. 在进行行业性工资集体协商或履行行业工资集体合同中出现争议怎样处理？

根据《中华全国总工会关于积极开展行业性工资集体协商工作的指导意见》（2009 年），对在行业性工资集体协商过程中发生的争议，应当尽量协商解决。不能协商解决的，当事人一方或双方可以书面形式，向辖区内劳动行政部门提出协调处理申请；未提出申请的，劳动行政部门认为必要时也可以进行协调处理。

履行行业性集体合同中出现争议，可能出现在行业性集体合同覆盖的某一企业，也可能出现全行业的争议。当双方不能协商解决时，行业工会应及时向上级工会报告，并向当地劳动争议调解组织或劳动争议仲裁机构申请调处。对仲裁裁决不服时，工会可依法向人民法院提起诉讼。在劳动争议发生、调解、仲裁和依法裁决期间，工会应教育引导职工树立依法有序解决争议的意识，避免采取过激行为。

149. 工会关于行业性工资集体协商有哪些新举措？

《中华全国总工会深化集体协商工作规划（2014—2018 年）》提出要突出抓好行业性工资集体协商。

（1）健全行业工资集体协商主体

把开展行业工资集体协商作为深化工资集体协商工作的重点和主攻方向。在中小企业比较集中的乡镇（街道）和工业园区，加快行业工会组织建设，积极稳妥探索建立更切合行业实际、符合协商要求的行业工会组织。在行业工会组织缺位时，可以通过“上代下”等方式确定行业性工资集体协商主体。有条件的地方，可以根据开展行业性工资集体协商的需要，积极推动建立健全与行业工会组织相对应的企业代表组织。

（2）细化和拓展行业性工资集体协商的内容

把行业最低工资标准、加班工资基数、工资调整幅度、劳动定额标准、工资支付办法等行业内职工普遍关心的问题作为行业性工资集体协商的核心内容，根据不同工种、不同岗位，分类协商确定工资分配制度、岗位工资基数、岗位工资系数等标准。根据行业内企业实际情况，将协商内容逐步向劳动安全卫生条件、女职工特殊权益保护、职业技能培训、职工参与企业二次分配等方面延伸。提倡行业内规模以上企业在行业性工资集体协商的基础上，按照定额标准不高于、工价标准不低于行业性集体合同约定的原则，开展内容更具针对性的二次协商。

（3）拓展行业性工资集体协商的领域

在推进建筑、采矿、餐饮服务等劳动密集型企业相对集中的行业开展工资集体协商的基础上，把行业性工资集体协商的领域逐步向新兴产业、知识密集型产业及实行企业化管理的事业单位延伸，实现县级以下区域内基础扎实、条件成熟的行业普遍建立工资集体协商制度。有条件的地方也可以从实际出发，继续积极探索在县（区）及以上开展行业性工资集体协商工作。

（4）参与制定行业劳动定额标准

各级地方总工会、产业工会要联合政府相关部门、企业代表组织，通过调查研究、科学测算、试点验证等方式，积极探索制定公平合理，能够在行业内普遍适用的劳动定额标准并及时进行调整；逐步推动建立统一、规范、权威的行业劳动定额标准测算、发布和管理制度。

（5）发挥产业工会作用

各级产业工会要切实发挥熟悉行业劳动关系特点、联系行业职工紧密的优势，加强对产业、行业宏观经济政策的研究分析，深入开展对本产业、行业工资集体协商工作的调查研究，会同行业协会适时就行业劳动工资福利等提出指导意见和政策措施。各级地方总工会要在政策咨询、资源配置、人员培训等方面切实加大对产业工会的支持力度，为产业工会发挥作用创造有利条件。

150. 什么是区域性工资集体协商？

区域性工资集体协商是指以行政区域（如镇、区、街道、村、经济开发区、工业园区等）为单位，由区域工会组织（区域工会联合会或基层工会联合会）与相应的区域企业组织或区域内企业方推选的代表，对工资分配制度、工资分配形式、工资收入水平等事项开展的工资集体协商，在协商一致的基础上，签订覆盖本地区所有企业的区域性集体合同。

《劳动合同法》第五十三条规定：“在县级以下区域内，建筑业、采矿业、餐饮服务业等行业可以由工会与企业方面代表订立行业性集体合同，或者订立区域性集体合同。”因此，区域性的工资集体协商一般而言不适合大范围大区域地展开。

151. 区域性工资集体协商的主体是什么？

推动区域性工资集体协商，要特别注意把握协商主体，应根据实际需要，由区域工会组织与对应的企业代表组织为主体进行工资集体协商，签订集体合同；在没有区域企业代表组织的情况下，可由区域工会组织与区域内所属企业分别进行平等协商，签订集体合同；还可由区域工会组织与区域内经全体企业民主推选或者授权委托等方式产生的企业方协商代表进行平等协商，签订集体合同。

152. 区域性工资集体协商的主要内容是什么？

区域性工资集体协商重点是本区域最低工资标准，同时围绕有关工资的突出问题、共性问题，坚持与区域经济发展相适应协商确定有关工资的其他问题。以知识密集型企业为主的区域，应加大对工资水平的调节力度，探索劳动力作为生产要素参与分配的比例；以劳动密集型企业为主的区域，同行业产业企业数量较多，应加大区域性的同行业工资集体协商，签订区域内的行业性集体合同。

153. 工会应该如何推动建立行业性、区域性工资集体协商机制？

推动建立行业性、区域性工资集体协商机制需要工会充分整合内外资源，形成合力，齐抓共促。各级工会领导机关，要积极争取同级党委、人大、政府、政协和协调劳动关系三方的重视和支持。要积极推动相关立法和政策的制定，争取人大、政协加强对行业性、区域性集体合同履约情况执法检查和监督；着力推动各级党委和政府主导工资集体协商工作，协助政府强化对企业工资分配的宏观调控，建立健全以最低工资制度、工资指导线制度、劳动力市场工资指导价位和人工成本信息发布制度为主要内容的工资调控体系；依托协调劳动关系三方，加强对行业性、区域性集体合同履约情况的监督检查，及时总结经验，宣传行业性、区域性工资集体协商的积极作用，为开展行业性、区域性工资集体协商营造良好的舆论氛围和环境。

加强行业性、区域性工会组织建设，为加强行业性、区域性工资集体协商工作提供组织保障。进一步健全和完善行业性、区域性职代会制度，为推动行业性、区域性工资集体协商搭建民主管理平台；充分发挥各级产业工会参与制定行业工资指导线、劳动力市场工资指导价位、劳动定额标准等方面的作用，加强对基层的指导服务。

各级工会领导机关要加强对行业性、区域性工资集体协商工作的总结和指导服务。注重发挥劳动工资问题专家学者的作用，为工会开展行业性、区域性工资集体协商提供专业技术支持；大力加强集体协商指导员队伍建设，充分发挥集体协商指导员在行业性、区域性工资集体协商工作中的作用；加强职工协商代表的培训，为推动建立行业性、区域性工资集体协商制度提供咨询服务。

154. 企业、行业性、区域性工资专项集体合同是什么关系？

由于我国多层次的工资集体协商模式存在，难免企业、行业性和区域性工资专项集体合同会出现重合的现象。在已经签订行业性、区域性工资专项集体合同的行业和地区，所覆盖的企业可以根据实际情况，进行二次工资集体协商，签订企业层级工资专项集体合同，即工资专项集体合同的二次覆盖。一是企业在行业性、区域性工资专项集体合同的框架下，签订执行协议，表明执行行业性、区域性工资专项集体合同。二是签订符合企业自身特点、具体量化标准的企业层级工资专项集体合同。在二次覆盖情况下，单个企业签订的工资专项集体合同，其确定的劳动条件和劳动报酬标准，不得低于本行业或本区域签订的行业性、区域性工资专项集体合同的规定。

行业性、区域性工资集体协商和企业层次的工资集体协商相比，在协商层次、覆盖范围、资源整合、人力配备、成本付出等方面具有明显优势，对劳动关系的调整层次更高、力度更大、范围更广。

从法律效力来说，行业性、区域性工资专项集体合同的效力要优于企业工资专项集体合同。在企业工资专项集体合同与行业性、区域性工资专项集体合同内容不一致时，应当优先适用对劳动者有利的条款。

七 工会在工资集体协商中的作用

155. 工会在工资集体协商中的地位体现在哪些方面？

工会在工资集体协商中的地位主要体现在以下几个方面：

（1）主体代表性

工会的代表性是法律所规定的。《工会法》第二条规定："中华全国总工会及其各级工会组织代表职工的利益，依法维护职工的合法权益。"第六条规定："工会通过平等协商和集体合同制度，协调劳动关系，维护企业职工劳动权益。"第二十条规定："工会代表职工与企业以及实行企业化管理的事业单位进行平等协商，签订集体合同。"在工资集体协商中，工会是作为职工利益的代表者与企业进行协商，处于同企业平等的、独立的地位。因此，在开展工资集体协商中，工会要代表职工，依靠职工，尊重职工的意愿，充分表达职工的利益诉求，实现好、维护好、发展好职工的合法权益。

（2）不可替代性

工会代表权的取得是法定的，这使其具有不可替代性的特点。这种不可替代性的特点归根结底是由工会作为职工自愿结合的工人阶级群众组织的性质所决定的。正因为工会的阶级性和群众性构筑了工会代表权的坚实基础；劳动关系双方中作为职工合法权益代表的身份和我国工会的统一性特点夯实了工会不可替代性这一特征。因此，在工资集体协商中，工会是职工方合法的代表者，工会的组织形式和职能作用具有不可替代性。

（3）广泛指导性

《工会法》第二十条第三款规定："工会签订集体合同，上级工会应当给予支持和帮助。”加强指导，是各级工会领导机关在工资集体协商中的地位的重要体现。工资集体协商对基层工会和工会干部是一项重要而艰巨的工作，一些工会干部对工资集体协商的知识了解还不够，对具体开展的程序方法还没有掌握，影响了工资集体协商的实施。各级工会应当加强指导服务，帮助指导基层工会在调查研究的基础上，提出符合企业实际的协商要约，在协商过程中及时传授协商技巧和协商策略，确保工资集体协商顺利开展。

156. 工会在工资集体协商中有哪些重要作用？

（1）宣传教育作用

各级工会要加大宣传力度，认真做好宣传教育引导工作，提高企业经营者和职工群众的认知度。要积极做好舆论宣传，通过工资集体协商宣传月、宣传周、宣传日等活动，充分发挥广播、电视、报刊、板报、网络等新闻媒介的作用，向社会广泛宣传工资集体协商工作的重要意义，宣传有关工资集体协商的法律、法规、政策和相关知识，宣传工资集体协商工作好的经验和先进典型，广泛为工资集体协商造势，提高社会各界特别是企业经营者和职工对工资集体协商的认知度，为开展工资集体协商营造良好的社会和舆论氛围。

（2）源头参与作用

各级工会通过源头参与，推动有关工资集体协商法律、政策的制定，为工资集体协商提供法律、政策保障。市场经济就是法制经济，工资集体协商需要强有力的法律支撑。目前，虽然我国工资集体协商方面的立法不断完善，但仍相对滞后于工资集体协商实践的需要。工资集体协商工作中有的协商主体不明确、执法主体不到位、履约监督不落实、违约责任难追究，工资集体协商缺乏明确的法律依据，造成工资集体协商签约难、履约难、监督难。因此，必须加快工资集体协商立法，完善相关法律法规，把工资集体协商纳入法制化轨道。工会应积极推动国家和地方相关立法，在法律起草中积极主动表达职工的主张，以期在根本上保障工资集体协商制度的建立和协商双方的平等协商与共决，保障职工方能够真正行使协商权，做到有法可依，依法保障，形成法制化推进的工作格局。

（3）规范指导作用

工资集体协商作为一种法律规定的协调劳动关系制度，具有较强的规范性。因此，各级工会应当加强开展工资集体协商的规范化运作，确保工资集体协商依法合规进行。一是加强制度建设，制定开展工资集体协商的规范性文件，对工资集体协商操作程序进行规范。二是制定工资集体协商实施方案，明确计划、目标、任务、方法步骤。三是建立专家型的工资集体协商指导员队伍，由地方工会聘请熟悉法律法规和工资政策、有一定企业管理知识和协商能力的专门人才和工会干部，担任工资集体协商专家指导员，承担培训、咨询、指导和参与协商、监督检查等职责。四是加强分类指导，如为不同类别企业提供不同参考文本，明确工资集体协商的不同重点；对不同的经营状况企业，提出不同的工资集体协商要求；加强行业性、区域性工资集体协商指导。五是加强职工方工资集体协商代表培训教育工作，提高协商代表的能力素质。六是适时通报工资集体协商动态，交流经验，进行理论研究、咨询。

（4）争议调处作用

各级工会要充分认识做好工资集体协商争议调处工作的重要性和必要性，增强主动性、积极性，当工资集体协商出现重大意见分歧时，上级工会应及时介入，协调沟通，化解矛盾，确保工资集体协商工作顺利实施，避免矛盾激化引发职工群体性事件。当因签订工资专项集体合同发生争议时，企业工会应当尽量与企业协商解决，通过民主讨论的办法化解矛盾。地方工会、产业工会应当帮助协商，通过协商解决纠纷。如果协商不成，企业工会可以提请当地劳动行政部门协调，地方工会、产业工会应当会同劳动行政部门进行协调。当履行工资专项集体合同发生争议时，企业工会可以与企业协商解决，协商解决不成，企业工会可以依法通过仲裁、诉讼的法律途径解决，地方工会、产业工会应当支持企业工会提起仲裁、诉讼，用法律手段确保工资专项集体合同的履行。

（5）监督检查作用

监督检查是开展工资集体协商的重要保障，是全面履行工资专项集体合同的有效机制，是防止发生集体劳动争议的基本手段。工会应重视工资集体协商的监督检查工作，从实际出发，采取适合本地区、本企业实际的监督检查组织形式，建立和完善工资集体协商监督检查制度，针对实践中存在的问题，加大监督检查力度。同时，要与有关部门配合，做好工资专项集体合同的履行和监督检查工作，一是将工资集体协商工作纳入人大执法检查和政协委员视察的内容；二是加大与人力资源和社会保障部门的合作，做好区域内工资集体协商的日常监督检查，对拒绝工资集体协商的企业，依法追究法律责任；三是有效发挥职工代表大会的作用，通过组织职工代表巡视、厂务公开、向职代会报告等形式，对工资专项集体合同履行情况进行监督检查。

（6）参与协商作用

按照法律规定，工会可以代表职工与企业进行工资集体协商。县级以下的区域性、行业性工会组织可以通过“上代下”、“上参下”的方式直接参与工资集体协商。

157. 在开展工资集体协商工作中，县级以上地方工会（产业工会）的职责和任务是什么？

（1）争取地方党委、政府的重视和支持。积极宣传开展工资集体协商的重要意义，为开展工资集体协商营造良好的社会环境和舆论氛围。

（2）推动政府主导工资集体协商工作。建立健全以最低工资制度、工资指导线制度、劳动力市场工资指导价位和人工成本信息发布制度为主要内容的工资调控体系，为开展工资集体协商创造有利条件。

（3）督促企业认真落实开展工资集体协商的相关法律法规。积极推动地方制定工资集体协商的地方性法规或相关的配套政策，保证工资集体协商依法建制，依法规范。

（4）深入进行调查研究。及时分析把握地方经济社会（产业）发展对工资集体协商的影响、职工群众收入分配的现状和诉求、与工资集体协商相关的信息和工会开展工资集体协商取得的经验、存在的问题，对工资集体协商方面带有全局性、倾向性的重大问题进行研究，提出有关的建议和对策。

（5）加强分类指导、培养选树典型。加强对不同类型企业、区域性、行业性工资集体协商的指导，及时总结先进经验，进行交流、推广。

（6）加强工资集体协商指导员队伍建设。建立选拔、培训、工作、管理、激励、保护等制度，切实发挥工资集体协商指导员的作用。

（7）建立监督检查制度。做好工资专项集体合同的履行和监督检查工作，推动将工资集体协商情况纳入人大执法检查和政协委员视察的重要内容；加大与人力资源和社会保障部门、企业代表组织的合作，做好对工资集体协商工作的日常监督检查。

（8）参与协调解决工资集体协商过程中和履行工资专项集体合同中发生的争议。

（9）产业工会要积极研究本产业开展工资集体协商的特点和规律，推动制定本产业的劳动定额、劳动报酬、劳动条件等方面的政策，指导帮助本产业内企业建立工资集体协商制度。

158. 在开展工资集体协商工作中，企业工会的职责和任务是什么？

（1）宣传和教育。结合企业实际，采用适当的形式，大力宣传工资集体协商的重要意义，提高广大职工和企业经营者对工资集体协商的认识，消除顾虑，达成共识。

（2）确定协商代表。按协商代表的条件，做好协商代表的推荐工作，并进行必要的培训。

（3）做好准备，主动发出要约。工会应做的准备工作包括：学习掌握有关法律法规和政策；收集翔实的数据资料，包括企业内部外部资料；收集、了解职工的意见和要求；制定协商方案；进行协商沟通。

（4）参加工资集体协商。组织职工协商代表参加工资集体协商会议，围绕协商议题，按照协商程序，充分表达职工意愿。

（5）组织职工广泛参与。通过职代会、厂务公开和公示等民主管理制度，保证职工对工资集体协商的知情权、参与权、审议权和监督权。积极建立向职工征询协商议题制度、协商情况通报制度、工资专项集体合同草案提交职代会审议制度、工资专项集体合同履行情况向职代会报告制度等，做到协商议题从职工群众中产生，协商情况及时向职工群众公布。

（6）建立履约责任制度。督促企业建立奖惩考核和责任追究制度，提高工资专项集体合同履约兑现率。督促经营者把工资专项集体合同的内容分解落实到各个相关职能部门和个人，与经济责任制、岗位责任制和目标管理责任制相结合，纳入企业各项管理制度之中。推动企业制定具体方案和措施，健全奖惩考核和责任追究制度，提高履行合同的自觉性。

（7）建立监督检查制度。依托职工代表大会或职工大会，在企业建立相应的工资专项集体合同监督检查组织和工作制度，对履约中存在的问题提出整改意见，限期向职代会反馈整改情况。坚持每年向职工代表大会或职工大会报告工资专项集体合同履行情况，国有、集体及其控股企业要把签订和履行工资专项集体合同的情况纳入民主评议企业领导干部的重要内容，接受职工群众的监督，保证工资专项集体合同的权威性和约束力。

（8）督促和协助企业向劳动部门报送工资专项集体合同，并根据劳动部门的审查意见参与合同的修改工作。

（9）向上级工会汇报工作。企业工会在工资集体协商开始之前应向上一级工会报告，接受上一级工会的培训和指导。认真填报工资集体协商工作相关报表，及时上报工作信息及工作总结。

159. 在开展工资集体协商工作中，行业性、区域性工会组织的职责和任务是什么？

（1）收集本行业、本区域企业涉及工资集体协商的相关信息和数据、职工劳动报酬诉求。

（2）从本行业、本区域劳动关系的特点和企业实际出发，做好协商准备，确定协商议题，组织和参与工资集体协商各个程序的工作。

（3）指导本行业、本区域内企业工会开展工资集体协商。

（4）协助政府强化对本行业、本区域工资分配的宏观调控，建立健全以最低工资制度、工资指导线制度、劳动力市场工资指导价位和人工成本信息发布制度为主要内容的行业、区域工资调控体系。

（5）加强对行业性、区域性工资专项集体合同履约情况的监督检查，及时总结经验，宣传行业性、区域性工资集体协商的积极作用，为开展行业性、区域性工资集体协商营造良好的舆论氛围和环境。

（6）推动建立行业性、区域性职代会制度，通过职工代表听取和收集职工的意见和要求，为工资集体协商创造条件。

（7）加强工资集体协商指导员队伍建设，充分发挥工资集体协商指导员在行业性、区域性工资集体协商中的作用。

（8）参与行业性、区域性工资集体协商和履约过程中发生争议的调处。

160. 工会在推进工资集体协商中有哪些成功做法?

工会在组织开展工资集体协商工作中，要坚持加强分类指导、突出工作重点的基本方法。坚持从实际出发，具体情况具体分析，分类提出开展工资集体协商的具体要求，保证工资集体协商不走过场，取得实实在在的效果。

（1）根据不同情况确定协商重点

开展工资集体协商，要突出重点。各地区、各企业要从实际出发，根据不同情况，把职工最关心最现实最直接的利益问题作为重点，切实解决工资分配中的突出问题。工资集体协商的内容可以是全面的，也可以有所侧重，不同类型的企业应有不同的协商重点。

对不同所有制企业。在公有制企业中，特别是国有企业和国有独资企业，应突出理顺按劳分配和按生产要素分配的关系，提高职工工资在企业工资分配中的比重。工会应加大参与企业的成本核算、利润分配、收益分配及重大生产经营决策的力度。在工资集体协商中，应注重控制人工成本，确保国有资产的保值增值，从而使职工工资收入水平合理增长。同时处理好签订工资专项集体合同与职代会的关系，从程序和内容上注意与职代会职权相衔接，在合同的起草、审议、实施、监督过程中，充分发挥职代会的作用；在股份制或股份合作制企业中，工会提出工资要求，应注意处理好职工工资分配与股息分红的关系，以使职工付出的劳动得到相应合理的报酬；在非公有制企业中，如外商投资企业、私营企业等，应根据社会劳动力供求状况、本企业的经济效益、劳动生产率水平，并参照当地政府发布的工资增长指导线，签订高于当地同行业职工平均工资水平的工资专项集体合同。

对不同经营状况企业。工会应根据企业的实际情况，提出适合本企业特点的工资要求。对生产经营正常的企业，突出协商工资增幅和福利待遇，建立工资正常增长机制；对生产经营困难的企业，突出协商工资支付保障，建立工资支付保障机制。

同时，为适应地区块状经济、集群经济发展的特点和中小企业开展工资集体协商难的实际，可以根据同行业、同区域职工相同或者相似利益诉求，开展行业性、区域性工资集体协商。通过明确行业性、区域性工资集体协商的主体，把握协商范围，选好协商代表，突出协商重点，规范协商程序，进一步扩大覆盖面、提高实效性，形成区域谈底线、行业谈标准、企业谈增长的多层次工资集体协商格局。

（2）区分不同情况实施分类指导

各地方、行业、企业情况千差万别，而且工资集体协商的内容各有侧重，协商的程序、要求标准不尽相同，这就决定了在开展工资集体协商中，必须区分不同情况，实施分类指导，不搞“一刀切”、“一锅煮”。分类指导越实事求是，工资集体协商的效果就会越明显。只有坚持从实际出发，具体情况具体分析，不同情况区别对待，分类提出开展活动的具体要求，才能确保工资集体协商不走过场、不搞形式，取得实实在在的效果。

工会在开展工资集体协商的实践中，应当从实际出发，分类制订实施办法，把工资集体协商的目标要求、基本条件和实践载体进一步细化、具体化，使目标看得见、基层易操作、职工好参与、工作能落实；分类研究特点规律，深入基层调查研究，摸清不同类型企业工资集体协商的状况，找准不同类型企业开展工资集体协商的切入点，积极探索不同类型企业开展工资集体协商的特点规律，把工资集体协商的各项要求落到实处。

（3）鼓励基层与时俱进开拓创新

坚持创新是工资集体协商的基本要求。工会应解放思想，与时俱进，注重创新。既要发扬过去行之有效的好做法、好载体，保持工作的稳定性连续性，又要根据新形势、新任务的要求，在内容上进行深化和拓展，在方法上讲究科学、有效。既要严格执行工资集体协商的有关规定，完成规定动作，又要创造性地开展工作，积极探索新经验、新方法。

尊重基层工会和职工群众的首创精神。基层工会和职工群众是工资集体协商的直接参与者，是开展工资集体协商的基础。他们处于工资集体协商的第一线，对开展工资集体协商的情况最了解、最有发言权，能够及时发现问题，提出可行性的意见和建议。在开展工资集体协商工作中，充分调动广大职工群众参加工资集体协商的积极性、主动性和创造性，为开展工资集体协商提供内在动力。坚持把工作重心放在基层，深入基层进行调查研究，了解和掌握工资集体协商工作的情况，及时发现和解决工作中的实际问题。

（4）培养总结推广先进典型经验

工会应及时发现和培养典型，采取典型引路的方法，推动面上的工作。认真分析解剖典型，区别企业的不同类型，认真总结带有普遍指导意义的做法和经验，做到手中有不同类型企业的典型，面上有具体的实施规范，操作有不同类型企业的工资专项集体合同样本和范例。对工资集体协商的先进典型和先进经验，及时通过召开现场会、座谈会、观摩会等形式，进行交流推广，带动全局。同时注意发现工作过程中存在的薄弱环节和出现的新情况、新问题，及时了解反馈基层的意见和建议，及时研究改进的措施，推动工资集体协商工作健康发展。总之，各级工会应善于将成熟的经验加以推广并升华为理性认识，善于培育不同类型的“试验田”，使“点上之花”结出“面上之果”。

（5）制定切实可行的规划和目标

工会应把推进工资集体协商工作摆到重要日程，加强组织领导，从实际出发，对本地区推进工资集体协商工作作出具体的部署和安排，制定切实可行的工作规划和目标措施，有计划、有步骤地加以推进。市场经济发育比较成熟、工资集体协商基础较好的地区，推进的速度可以快一点；开展工资集体协商工作起步较晚的地区，应本着以点带面、先易后难的原则，尽快选择管理基础比较扎实、经营者民主意识比较强、工会组织健全、先行开展工资集体协商比较好的企业，在总结试点经验的基础上逐步推开；已经开展了工资集体协商的地区，在总结经验、扩大范围的基础上，应不断健全机制，充实内容，完善制度，规范运作，提高工资集体协商的水平，增强工资集体协商的实效。

八　参考样本

职工方首席代表委托书

委托单位：＿＿＿＿＿＿＿＿＿＿＿＿＿＿＿＿＿＿＿＿

法定代表人：＿＿＿＿＿＿＿＿＿＿＿＿＿＿＿＿＿＿＿

职务：＿＿＿＿＿＿＿＿＿＿＿＿＿＿＿＿＿＿＿＿＿

受委托人：＿＿＿＿＿＿＿＿＿＿＿＿＿＿＿＿＿＿＿＿

职务：＿＿＿＿＿＿＿＿＿＿＿＿＿＿＿＿＿＿＿＿＿

现委托＿＿＿＿同志为职工方首席代表，全权行使首席代表职权，代表职工方与企业方进行协商。

委托单位（盖章）：

法定代表人（签字）：

年　　月　　日

说明：该文本用于工会主席不能担任首席代表，需委托其他职工代表担任首席代表，以此委托书确认首席代表资格。

企业方首席代表委托书

委托单位：＿＿＿＿＿＿＿＿＿＿＿＿＿＿＿＿＿＿＿＿

法定代表人：＿＿＿＿＿＿＿＿＿＿＿＿＿＿＿＿＿＿＿

职务：＿＿＿＿＿＿＿＿＿＿＿＿＿＿＿＿＿＿＿＿＿

受委托人：＿＿＿＿＿＿＿＿＿＿＿＿＿＿＿＿＿＿＿＿

职务：＿＿＿＿＿＿＿＿＿＿＿＿＿＿＿＿＿＿＿＿＿

现委托________同志为企业方首席代表，全权行使首席代表职权，代表企业与职工方进行协商。

委托单位（盖章）：

法定代表人（签字）：

年　　月　　日

说明：该文本用于企业法定代表人不能担任首席代表，需委托其他管理人员担任首席代表，以此委托书确认首席代表资格。

外聘工资集体协商代表委托书

委托单位：____

首席代表：____

职务：____

受委托人：____

职务：____

现委托________同志为________方工资集体协商代表，履行代表职工，参与本次集体协商。

委托单位（盖章）：

首席代表（签字）：

年　　月　　日

说明：该文本用于协议双方聘请企业外专业人士担任本方协商代表，以此委托书确认协商代表资格。

职工方工资集体协商代表资格认定书

经工会组织推荐，________次职工（代表）大会审议通过，确定________、________、________同志为________年度职工方工资集体协商代表，代表全体职工与企业方进行工资集体协商。

工会（盖章）：

年　　月　　日

职工方工资集体协商要约书

______总经理（董事长）：

为建立和谐稳定的劳动关系，维护职工合法权益，促进企业健康发展，根据《中华人民共和国劳动合同法》《××省集体合同条例》，结合××省企业工资指导线、劳动力市场工资指导价位及本企业实际，我方拟同你方进行______年度第____次工资集体协商。为使协商工作顺利进行，特提出如下建议：

一、工资集体协商会议的时间和地点

建议于______年____月____日在____________（会议室）进行首次协商，并根据协商进展，确定下次协商时间，但最后一次协商时间不宜超过______年____月____日。

二、工资集体协商的主要内容（在项目前打“√”）

☐ 工资分配制度、工资标准和工资分配形式

□ 工资总额、平均工资水平及调整幅度

□ 企业最低工资标准、劳动定额及工时工价标准

□ 加班加点工资、津贴、补贴标准和奖金

□ 病事假、婚丧假、探亲假和妇女孕期、产期、哺乳期及各种带薪假期间、依法参加社会活动期间的工资待遇

□ 高寒高温等艰苦岗位及有毒有害作业场所岗位的补贴

□ 工资发放时间、支付办法

□ 保险福利待遇

需协商的其他有关事项：______________________________

____

____

三、双方工资集体协商代表的确定

建议双方各派____名协商代表参加。

我方协商首席代表是______，职务是________。

其他代表是____

____

请你方提供协商代表和首席代表名单，以便工作沟通，并做好协商准备工作。

四、请你方提供上一年度的有关资料（在项目前打“√”）

□资产负债表

□利润表

□现金流量表

□职工人数、工资总额和平均工资统计表

□工资集体合同履行情况报告

需你方提供的其他资料________________________________

____

____

以上资料请在第一次协商会议开始 7 日前，提供给我方首席代表。

所涉及的商业秘密，本方代表将严格遵守保密规定。

五、请在收到本要约书之日起15日内予以书面答复。

工会（盖章）：

年　　月　　日

企业方工资集体协商要约书

________工会：

根据《劳动法》《工资集体协商试行办法》等有关规定和全体职工要求，结合公司实际情况，建议劳资双方就年度工资问题进行协商。具体事宜如下：

一、工资集体协商会议的时间和地点

建议于________年____月____日在________（会议室）进行首次协商，并根据协商进展，确定下次协商时间，但最后一次协商时间不宜超过________年____月____日。

二、工资集体协商的主要内容（在项目前打“√”）

□工资分配制度、工资标准和工资分配形式

□职工年度平均工资水平及其调整幅度

□超时加班工资计发基数

□企业劳动定额和计件单价

□企业最低工资标准

□奖金、津贴、补贴等分配方法

其他与工资有关需要协商的事项：______________________________

____

____

三、双方工资集体协商代表的确定

建议双方各派______名协商代表参加。

我方协商首席代表是______，职务是______。

其他代表是____

____

____

请你方提供协商代表和首席代表名单，以便工作沟通，并作好协商准备工作。

四、请收到本要约书起15日内予以书面答复。

________公司（盖章）：

企业法人代表（签字）：

年　　月　　日

企业方工资集体协商要约书复函

____________工会：

你方于______年____月____日发出的《工资集体协商要约书》已收悉，现就有关问题回复如下：

1. 我方同意开展______年度第______次工资集体协商。

2. 我方同意提出的协商时间和地点。

3. 我方同意提出的协商内容，建议增加以下内容：______________

____。

4. 我方首席协商代表是______，职务是________。其他代表是：

____

____

5. 我方正在准备相关资料，将于规定时间内向你方提供。

以上回复如有异议，请及时沟通。

此复

公司（盖章）：

企业法人代表（签字）：

年　　月　　日

职工方工资集体协商要约书复函

______总经理（董事长）：

你方于______年____月____日发出的《工资集体协商要约书》已收悉，现就有关事宜答复如下：

1. 我方同意要约书中提出的协商时间和地点。

2. 我方同意要约书中提出的协商内容。

3. 我方协商代表确定为：

首席代表是______，其他代表是______________________________

____

____

4. 为了便于协商的顺利开展，请提供以下材料：

（1）公司上年度和当年的销售收入；

（2）公司上年度和当年的利润；

（3）公司资产负债表；

（4）公司资产损益表；

（5）公司上年度职工工资总额和职工平均工资。

……

以上回复如有异议，请及时沟通。

此复

工会（盖章）：

年　　月　　日

企业工资集体协商报告书

________工会：

经职工方与企业方协商，定于________年____月____日，双方就工资问题进行协商。

特此报告

工会（盖章）：

年　　月　　日

工资集体协商专项集体合同送审表

送审单位（盖章）：________

工资集体合同名称：________

合同类别：□企业　□区域　□行业　　　□首次签订　□续订　□变更

甲方（企业方）	乙方（职工方）
企业性质：	职工人数：
地址：	会员人数：
法定代表人：	代表产生方式：
首席协商代表：	首席协商代表：
现任职务：	现任职务：
协商代表人数：	协商代表人数：
联系人：	联系人：
联系电话：	联系电话：
送件人签名：	收件人签名：
工作部门：	工作部门：
职务：	收文编号：
联系电话：	联系电话：
送达日期：　　年　　月　　日	收件日期：　　年　　月　　日
工资集体合同有效期：　　年　　月　　日至　　年　　月　　日	

工资集体协商专项集体合同审查受理回执

收件单位（盖章）：________ 编号：________

申请单位					
联系人			联系电话		
单位地址			邮编		
收件人		收件时间		联系电话	
已收材料清单（在项目前打“√”或注明）					
1. 工资集体合同一式三份； 2. 工资集体合同送审表一式二份； 3. 职工方协商代表产生过程会议、工资集体协商会议、职工（代表）大会等会议记录复印件、签到表和会议决议的复印件（应到和实到人数、表决票数情况等）； 4. 企业营业执照或其他有效证件复印件、工会法人资格证书复印件、职工人数及工资水平状况、上年度工资集体合同履行情况；					

5. 双方首席代表和全部协商代表的名单（注明姓名、性别、职务、本企业工作年限、身份证号、联系电话等）、身份证复印件，法定代表人签署的委托授权材料（委托人和被委托人的身份证件、授权委托书复印件）； 6. 其他有关情况（请注明）。			
办理期限	从受理之日起 15 日内		
签收人		签收时间	

工资集体协商专项集体合同审查意见书

编号：______ 人社集审字（　　）第　　号

企业名称：____________ 地址：____________

合同类别：□企业　□区域　□行业　　□首次签订　□续订　□变更

企业方首席代表			职工方首席代表		
协商户数		联系人		电话	

审查意见：

□ 同意　　合同编号：__________

工资集体合同期限：______年____月____日至________年____月____日

经审核，你单位报来的工资集体合同，符合有关法律法规政策，自______年____月____日起生效。

□ 不同意（请在以下注明主要原因）

□协商主体资格：

□协商程序：

□合同内容：

□其他原因：

经办人（签名）：

年　　月　　日

人力资源和社会保障部门集体合同审查（盖章）

年　　月　　日

湖北省企业工资集体协商专项集体合同

第一条 为建立健全用人单位职工工资收入分配制度，规范工资支付行为，使职工的工资水平与单位的经济效益相适应，更好地调动广大职工的积极性，根据《中华人民共和国劳动法》《工资集体协商试行办法》《集体合同规定》《工资支付暂行规定》等法律法规，按照平等协商、按劳分配和同工同酬的原则，经用人单位和全体职工协商一致，签订本合同。

第二条 本合同所称工资，是指用人单位在约定的工资支付周期内（周、月）支付给劳动者的全部劳动报酬，包括计时工资或者计件工资以及奖金、津贴和补贴等货币性收入。

第三条 用人单位遵循同工同酬的原则，每年____月，与职工方平等协商确定以下事项：

（一）工资水平、工资标准、分配形式和支付办法；

（二）加班加点工资；

（三）津贴、补贴；

（四）奖金分配办法；

（五）试用期、病假、事假等期间的工资；

（六）工资调整办法；

（七）下岗、待岗、内部退养等情况下的生活费标准、调整办法及支付办法；

（八）其他需要协商的内容。

双方协商确定的事项，用人单位应及时告知职工，工会（职工代表）要配合用人单位做好对职工的宣传工作。

第四条 用人单位实行____________等多种工资制度。经协商，具体的适用范围为：

（一）岗位工资制，适用于____________；

（二）绩效工资制，适用于____________；

（三）年薪制，适用于____________；

（四）____________（其他）。

第五条 用人单位和职工双方协商确定年度工资总额、职工工资平均水平和岗位工资标准时，综合考虑劳动、资本、技术、管理等生产要素的贡献，主要参照以下指标：

（一）最低工资标准、人力资源市场工资指导价位、工资指导线以及人工成本信息等；

（二）本地区城镇居民消费价格指数和在岗职工平均工资；

（三）本单位劳动生产率、经济效益和上一年度工资水平；

（四）双方约定参考的其他指标。

第六条 经双方协商确定，______年度职工平均工资水平不低于______元，具体是：________________。

（一）完成经济效益目标情况：用人单位利润达到______万元，职工工资总额为______万元，职工年平均工资水平为______元。

（二）职工年平均工资水平调整幅度：用人单位利润总额增长____%以上，职工工资总额增长不低于____%，职工年平均工资水平增长不低于____%；用人单位利润下降超过____%，职工工资总额下调____%，职工年平均工资水平下调____%，但最多不超过____%；用人单位利润总额增长（或减少）在____%以内，职工工资总额和年平均工资水平增长不低于统计部门发布的本地区居民消费价格涨幅。

第七条 用人单位遵循科学合理的原则，依据国家标准、行业标准和本单位实际，提出方案，与工会（职工代表）平等协商制定、修改劳动定额和计件工资标准。劳动定额标准要确保在同等劳动条件下，同岗位____%以上劳动者在法定工作时间内能够完成。双方协商约定：

（一）（岗位名称）的劳动定额为______（工时单价或计件单价）；

（二）（岗位名称）的劳动定额为______（工时单价或计件单价）；

（三）（岗位名称）的劳动定额为______（工时单价或计件单价）。

第八条 经双方协商，按以下标准发放职工津贴和补贴：

（一）岗位名称：______津贴名称：______发放标准：______元/月；

（二）岗位名称：______津贴名称：______发放标准：______元/月；

（三）岗位名称：______津贴名称：______发放标准：______元/月。

第九条 经双方协商一致，以下情况的支付标准为：

（一）职工病假工资或者疾病救济费标准为________。

（《关于贯彻执行〈中华人民共和国劳动法〉若干问题的意见》第五十九条规定：病假工资或者疾病救济费可以低于当地最低工资标准支付，但不能低于最低工资标准的80%）。

（二）职工依法享受年休假、探亲假、婚丧假期间和依法参加社会活动期间，用人单位支付职工工资的具体标准为：________。

（三）职工下岗、待岗期间，用人单位为其发放的生活费标准为：________。

第十条 用人单位确定职工加班加点工资计发基数的方法是____________。其中，实行计件工资的职工，加班工资基数按本合同第七条的标准执行；实行特殊工时制的岗位，加班工资计发办法按规定执行。

第十一条 用人单位要创造条件安排职工享受年休假。经职工书面同意不安排年休假或者安排职工年休假天数少于应休年休假天数的，用人单位必须在年内对未休年休假天数按照职工日工资的300%支付工资（其中包含用人单位应支付的正常工作期间的工资）。

第十二条 用人单位月最低工资标准为________元（不得低于本单位月最低工资标准），试用期职工月工资为________元（不得低于当地最低工资标准）。

第十三条 用人单位每月____日前（遇节假日、双休日提前至最近的工作日），以货币形式通过银行支付职工工资、生活费、病假工资或者疾病救济费，不得克扣和无故拖欠。

用人单位在支付工资时应向职工提供一份个人工资清单。

第十四条 用人单位确因生产经营困难暂时无法按时足额支付工资的，应向职工说明情况，与工会协商一致后，可以延期支付工资，但最长不得超过____个月。用人单位超过约定时间仍无法支付工资，双方协商不成的，工会或者职工有权向人力资源和社会保障部门反映，或向人民法院申请支付令。

第十五条 因职工本人原因给用人单位造成经济损失的，单位可以按照劳动合同的约定（规章制度的规定），要求职工赔偿经济损失。从职工工资中扣除的，每月扣除部分不得超过职工当月工资的20%，剩余部分不得低于用人单位月最低工资标准。

用人单位扣款前应当书面告知职工扣款的原因、依据、金额和起止时间。

第十六条 本合同有效期为______至______，合同期满前60日内，双方应就是否续订本合同进行协商，同意续订的，应当在本合同期满前续订。

第十七条 本合同对用人单位和职工双方都具有约束力，双方必须按照合同约定全面履行各项义务。双方应在本合同生效后______日内，联合成立监督检查小组，对本合同履行情况进行监督检查，组长由________担任。双方首席代表应每年____次向对方通报本方履行合同的情况。监督检查小组每年以书面形式向职工代表大会（或职工大会）报告本合同履行情况。

第十八条 因履行本合同发生争议时，双方平等协商解决，协商不能达成一致意见的，双方均可以依法向有管辖权的劳动争议仲裁委员会申请仲裁。

第十九条 本合同经职工代表大会（或职工大会）审议通过后，由双方首席代表签字。双方首席代表签字后7日内，用人单位将本合同正式文本一式三份及有关资料，送________人力资源和社会保障部门审查；人力资源和社会保障部门自收到本合同文本之日起 15 日内未提出异议的，本合同即行生效。

人力资源和社会保障部门提出异议的事项，双方协商代表应对有异议的事项进行协商，修改合同文本后重新送审。

第二十条 用人单位自本合同生效之日起 7 日内向全体职工公布本合同正式文本，同时送地方工会、企业联合会/企业家协会。

第二十一条 双方协商一致变更、续订本合同的，应按第十九条的规定送审。

第二十二条 本合同有效期内，如合同内容与新发布实施的法律法规和政策规定相抵触，按新发布实施的法律法规和政策执行。

用人单位（盖章）：	工会（盖章）：
首席代表（签字）：	首席代表（签字）：
年 月 日	年 月 日

某国有控股企业集体合同

甲方：（企业协商组织）	乙方：（职工协商组织）
企业名称：	企业职工人数：
所有制形式：国有控股企业	协商组织形式：职工代表大会
法定代表人：	协商代表产生方式：选举（推荐）
地址：	协商首席代表及职务：
电话：	协商人数：
协商首席代表及职务：	

协商代表人员：

协商起止日期：　　　　年　　月　　日至　　　年　　月　　日

提交职工代表大会或职工大会审议通过日期：　　　年　　月　　日

第一章　总　则

第一条　为了维护企业和职工的合法权益，建立和谐、稳定的劳动关系，促进公司的全面发展，根据《中华人民共和国劳动法》《中华人民共和国工会法》《中华人民共和国劳动合同法》《集体合同规定》等有关法律、法规，结合企业实际，经企业与职工集体平等协商一致，签订本合同。

第二条　本合同应提交职工代表大会讨论通过，并由职工与企业双方首席代表签字报送有管辖权的劳动和社会保障行政部门进行合法性审核后生效。对企业和企业全体职工均有约束力，双方应共同遵守履行，低于本合同规定的，按照本合同的规定执行。

第三条　企业遵照国家和地方有关法律、法规进行经营管理、尊重工会作为职工利益代表者和维护者的地位，支持工会依法独立自主地开展工作，保障职工合法权益。重视提高职工素质，在提高企业经济效益的基础上，逐步提高职工工资水平，改善职工工作环境和物质文化生活条件，不断增强企业凝聚力。

第四条　企业尊重职工参与民主管理的权力，建立和不断完善职工代表大会制度，企业管委会制度和平等协商集体合同制度。企业应当听取职工对企业生产经营以及职工工资、保险、福利、培训、奖惩、劳动保护等方面的意见和建议、协商处理涉及职工切身利益的有关问题。

第五条　工会应积极支持企业的生产经营和管理，支持企业依法行使各项经营管理职权，教育职工遵守并执行企业各项规章制度，发动和组织职工开展群众性的劳动竞赛、合理化建议、经济技术创新活动，教育职工敬业爱岗钻研技术，保守企业技术和商业秘密，维护企业的利益，服从生产指挥和安排，完成本职生产（工作）任务，为实现企业的生产经营目标努力工作。

第二章　劳动合同

第六条　企业根据生产经营状况，在科学定员、定编的基础上，按照国家劳动法规和政策的规定，依据招用条件，通过考核，实行公开、公正、公平、合理、择优录取。

第七条　企业用工实行全员劳动合同制，坚持平等自愿、协商一致的原则，与被录用职工依法签订劳动合同。订立固定期限劳动合同的，合同期限最低不少于____年，企业可根据生产经营工作需要调整用工岗位。

企业可以依法与职工在劳动合同中约定试用期。试用期内职工请事假超过____规定天数的，需延长相应天数的试用期。

第八条　工会应帮助和指导职工与企业签订劳动合同，有权监督劳动合同的履行，指导职工正确行使和履行劳动合同规定的权利和义务。

第九条　职工与企业劳动合同的内容及签订应依法并符合本集体合同的原则，有关劳动条件和劳动报酬不得低于本集体合同的规定。劳动合同的期限，由企业根据国家法规结合企业生产经营的需要与职工协商确定。

第十条　劳动合同期满前30日内，企业和职工应就是否续订劳动合同进行协商。经协商一致同意续订劳动合同的，企业应在劳动合同期满前与职工办理续订劳动合同手续。

第十一条　企业依法制定的劳动规章制度，应当如实告知职工，具体告知方式为：岗前学习。

工会应配合企业组织职工学习和严格遵守劳动规章制度。

第十二条　职工患职业病或因工负伤并被确认丧失部分劳动能力的、职工患病在规定的医疗期内的、符合计划生育规定的女职工在孕期、产期或哺乳期的，企业不得解除其劳动合同。

第十三条 企业单方面解除职工的劳动合同，应当提前____日书面将理由通知工会，工会应在____日内书面反馈意见；工会有不同意见的，企业应当研究工会的意见，并在____日内将处理结果书面通知工会。

第十四条 企业建立劳动争议调解委员会，与工会（职工代表）制定劳动争议调解规则，调解劳动争议，及时化解矛盾纠纷。劳动争议调解委员会负责人由____工会主席担任，日常办事机构设在工会。

第十五条 企业因生产经营发生严重困难等原因确需裁减人员，应提前____日向工会或者全体职工说明情况，听取工会或者职工的意见，提前____日向人力资源和社会保障部门书面报告裁减人员方案后，可以裁减人员。

裁减人员方案应包括企业目前生产经营状况、裁减人员的主要原因、听取工会（全体职工）意见、被裁减人员参加社会保险和缴纳社会保险费情况，以及经济补偿落实情况等内容和相关资料。

第三章　劳动报酬

第十六条 企业坚持遵循按劳分配的原则，实行同工同酬。企业与工会（职工代表）平等协商确定本单位工资分配制度，每年双方就当年度工资分配问题进行平等协商对话。

第十七条 企业实行效益工资制。并根据工作岗位性质，分别实行岗位、计件、计时和业务提成四种分配方式。企业在制定岗位工资时，应通过对各工种和岗位劳动条件、实际劳动消耗量以及职工的技术业务水平等诸多因素进行科学合理评价，确定职工的工资报酬。对于计件、计时和业务费提成的工资报酬，公司应根据劳动定额和本人业绩合理地确定计件、计时单价和分配办法。

第十八条 经双方协商一致，以下情况的工资支付标准为：

（一）职工病假工资或者疾病救济费标准为：病假工资或者疾病救济费可以按低于当地最低工资标准支付，但不能低于最低工资标准的 80%。

（二）职工依法享受年休假、探亲假、婚丧假期间和依法参加社会活动期间，企业支付职工工资的具体标准为：本人岗位工资或同岗位工资。

（三）职工待岗和内部退养期间，企业为其发放的生活费标准为：不得低于本地区最低工资标准的 70%，同时不得高于本企业平均工资的 70%。

第十九条 确定职工加班加点工资基数的方法是法定假日加班一天按 200% 计，春节年三十、初一、初二加班一天按 300% 计。其中，实行计件工资的职工，加班工资基数按其计件标准执行。

第二十条 按照《劳动法》《劳动合同法》及《最低工资规定》，企业给职工提供了正常劳动的前提下，支付给职工的工资在剔除下列各项后，不得低于当地最低工资标准____元（不低于省政府规定的最低工资标准）：（1）延长工作时间工资；（2）夜班、有毒有害等特殊工作环境、条件下的津贴；（3）法律、法规和国家规定的劳动者福利待遇等。试用期职工月工资不得低于本单位月最低工资标准。

第二十一条 企业每月____日（遇节假日、双休日提前至最近的工作日）以货币形式通过银行支付职工工资、生活费、病假工资或者疾病救济费，不得克扣和无故拖欠。

企业在支付工资时应向职工提供一份个人工资清单。

第二十二条 企业确因生产经营困难暂时无法按时足额支付工资的，应向职工说明情况，与工会协商一致后，可以延期支付工资，但最长不得超过三个月。企业超过约定时间仍无法支付工资，双方协商不成的，工会或者职工有权及时向人力资源和社会保障行政部门反映，或向人民法院申请支付令。

第二十三条 本合同所称正常劳动是指职工按依法签订的劳动合同约定在法定工作时间或劳动合同约定的工作时间内从事的劳动。职工在依法享有的婚丧假、探亲假、生育（产）假、节育手术假等国家规定的假期间，以及法定工作时间内依法参加社会活动期间，均视为提供了正常劳动。

第二十四条 企业在提高全员劳动生产率和经济效益的前提下，要正确处理好国家、集体和个人三者利益关系，在遵循“两个不高于”的原则（即企业在发展生产经营的前提下，工资总额增长幅度不高于企业经济效益的增长幅度，职工年平均工资增长不高于劳动生产率增长的原则）和充分考虑物价等综合因素的基础上，不断建立完善职工工资增长机制，确保职工收入水平逐步提高。

第四章 工作时间和休息休假

第二十五条 企业按照《劳动法》规定，原则上实行每日工作时间不超过 8 小时、平均每周工作时间不超过 44 小时的工时，每周至少休息 1 天制度。如因生产特点不能实行以上标准工时制度的工种和岗位，可协商实行灵活工作和休息办法。

第二十六条 企业有责任不断加强和改善生产组织管理，合理控制职工的工作时间，尤其是合理的控制加班作业时间。发生自然灾害事故或者其他原因威胁职工生命健康和财产安全、生产设备或公共设施发生故障影响生产和公众利益以及紧急的生产经营活动等情况发生时，延长工作时间，可不受本条上述规定的限制。

第二十七条 企业全体职工必须在规定的工作和生产班次内完成生产（工作）任务，如在法定的时间内没有完成生产（工作）任务，自行延长或被要求延长的劳动时间不得要求获得额外劳动报酬。

第二十八条 企业执行国家法定节假日制度，依法在法律规定的公休假、节假日期间安排职工休假。

第二十九条 企业安排员工在法定工作日标准工作时间以外、休息日或法定休假节日加班的，可由企业安排同等时间给予补休，因工作需要不能补休的，按下列标准支付工资报酬：（1）延长工作时间的，支付不低于工资的 150% 的工资报酬；（2）休息日：支付不低于工资的

200%的工资报酬；（3）法定休假日：支付不低于工资的300%的工资报酬。

第五章 劳动安全与职业安全防护

第三十条 企业严格执行《安全生产法》《职业病防治法》《消防法》《工伤保险条例》等法律法规的有关规定，建立完善劳动安全卫生制度，执行国家劳动安全卫生规程和标准，为职工提供符合国家规定的劳动安全卫生条件和个人劳动防护用品，保障职工健康及其相关权益。

第三十一条 职工严格遵守企业劳动安全卫生工作规章制度，认真执行各项操作规程，积极参加企业组织的安全培训和教育，正确佩戴和使用劳动保护用品，按照应急救援方案的规定进行应急救援，依法获得劳动安全卫生保障。工会依法组织职工参加劳动安全卫生工作的民主管理和民主监督，维护职工的健康及其相关权益。

第三十二条 企业应加强对职工的劳动安全卫生知识教育和培训，保证职工了解国家和行业劳动安全卫生法律法规，熟悉企业劳动安全卫生规章制度和操作规程，掌握本岗位劳动安全卫生管理、方法、技术和危害防护等基本知识，能在紧急情况下采取科学合理的应急救援措施。特殊岗位（工种）作业人员必须经过国家有关机构培训，取得相应资格操作证后，方可上岗。

职工不按规定正确佩戴和使用劳动防护用品，企业有权拒绝其上岗操作。

第三十三条 工会有义务组织职工接受安全技术培训和管理，教育职工严格遵守企业的各项安全生产规章制度和操作规程，提高职工安全技术素质和自我防护意识，并对企业安全教育培训和持证上岗情况进行监督。

第三十四条 企业与职工订立劳动合同时，应当将工作过程中可能产生的职业病危害及其后果、职业病防护措施和待遇等如实告知职工，并在劳动合同中写明，不得隐瞒或者欺骗。

企业对从事有毒有害作业的职工，进行上岗前和离岗时的健康检查，在岗期间应每年定期进行一次健康检查，检查结果应如实告知职工本人。

第三十五条 企业对从事有毒有害工种的职工，按照国家《职业病防治法》等有关规定，定期向职工发放有毒有害保健津贴。

第三十六条 企业发生安全生产事故，应如实报告安全生产监督管理部门和工会；在处理安全生产事故时，工会有权依法参加事故调查，向有关部门提出处理意见和建议。

第三十七条 企业未参加工伤保险或者未按时足额缴纳工伤保险费影响职工工伤保险待遇的，职工应享受的工伤保险待遇由企业支付，标准按法律、法规的规定执行。

第三十八条 企业每年至少一次向职工代表大会（职工大会）书面报告安全生产情况。

第六章 社会保险和福利

第三十九条 企业按照国家和当地有关规定为职工缴纳养老、医疗、失业、工伤、生育等各项社会保险费，每年向职工公布一次企业和职工缴纳社会保险费情况。

企业申报年度社会保险缴费基数时，按规定报送劳动工资报表和财务报表，职工个人缴费基数要经职工个人签字认可，企业缴费基数要经法定代表人签字认可。

工会应组织职工对个人缴费基数进行核对和签字，对企业申报的缴费基数进行监督。

第四十条 企业为职工缴存住房公积金，缴费基数为________，企业和职工的缴费比例分别为____%和____%。每年向职工公布一次企业和职工缴纳住房公积金的情况。

第四十一条 企业建立企业年金和补充医疗保险，根据国家和省有关规定，从职工工资总额中分别按____%和____%的标准提取。企业年金和补充医疗保险的具体管理办法以及年度预算方案必须经职工代表大会（职工大会）审议。企业每年应向职工公布企业年金和补充医疗保险的执行情况，并接受职工代表大会（职工大会）审查。

第四十二条 企业每年按本单位职工工资总额的____%提取福利基金，用于职工集体福利、工作餐、交通补贴等支出。企业每年将福利基金的使用情况向职工代表大会（职工大会）书面报告，接受职工代表大会（职工大会）审查。双方约定以下项目和标准：

（一）伙食补贴：按____元/月/人的标准发放，或者在工作日内按时提供____元/餐/人的免费工作餐；

（二）交通补贴：企业按____元/月/人的标准向职工发放交通补贴；

（三）健康体检：企业每____年组织全体职工参加 1 次一般健康体检，费用由企业承担；

（四）文体娱乐活动：企业每半年至少为职工组织 1 次文体娱乐活动。

第四十三条 双方共同建立“送温暖工程基金”，由企业出资____万元、工会筹集____万元共同组成。企业和工会协商制定基金管理办法，明确帮扶救助对象、办法、标准，经职工代表大会（职工大会）审议通过后实施。

第七章 女职工权益保护

第四十四条 企业要认真执行《妇女权益保障法》《××省实施〈中华人民共和国妇女权益保障法〉办法》、《女职工劳动保护规定》、《××省女职工劳动保护规定》等法律法规，保障女职工享有与男职工平等的权利，同时保障女职工的特殊劳动权益。

第四十五条 企业支持女职工参加政治、业务培训，在晋职、晋级、评定专业技术职称等方面，应遵循男女平等的原则；在组织岗位竞聘时，除不适合女职工的工种或者岗位外，不得以性别为由拒绝女职工参与或者提高对女职工的竞聘标准；在工资、奖金和福利待遇方面，实行男女同工同酬。

第四十六条 工会及女职工委员会应当引导女职工自觉遵守企业规章制度，不断提高技能水平，全面完成工作任务，充分发挥作用；督促企业落实女职工权益保护法律法规，依法维护女职工的合法权益。

第四十七条 企业在录用职工时，除国家规定不适合女职工的工种或岗位外，不得提高对女职工的录用标准或拒绝录用女职工。企业与女职工签订的劳动合同，不得有限制女职工结婚、生育的内容。

女职工在孕期、产期、哺乳期内，劳动合同期满或者劳动合同终止条件出现时，企业应将劳动合同延续至孕期、产期、哺乳期满为止。企业不得因女职工结婚、怀孕、生育、哺乳等情形，降低女职工的工资；在孕期、产期、哺乳期间，依照劳动合同法第四十条、第四十一条的规定不得单方解除与女职工的劳动合同；确因工作原因需要变更工作岗位的，应当征得女职工的同意。

第四十八条 企业应根据女职工的生理特点和所从事工作的职业特点，对在经期、孕期、产期、哺乳期和更年期的女职工给予特殊保护。

第四十九条 女职工生育享受 98 天产假，其中产前可以休假 15 天；难产的，增加产假 15 天；生育多胞胎的，每多生育 1 个婴儿，增加产假 15 天。

女职工怀孕未满 4 个月流产的，享受 15 天产假；怀孕满 4 个月流产的，享受 42 天产假。

第五十条 女职工产假期间的生育津贴，对已经参加生育保险的，按照用人单位上年度职工月平均工资的标准由生育保险基金支付；对未参加生育保险的，按照女职工产假前工资的标准由用人单位支付。

女职工生育或者流产的医疗费用，按照生育保险规定的项目和标准，对已经参加生育保险的，由生育保险基金支付；对未参加生育保险的，由用人单位支付。

第五十一条 对哺乳未满 1 周岁婴儿的女职工，用人单位不得延长劳动时间或者安排夜班劳动。

用人单位应当在每天的劳动时间内为哺乳期女职工安排1小时哺乳时间；女职工生育多胞胎的，每多哺乳1个婴儿每天增加1小时哺乳时间。婴儿满1周岁后，经企业指定医疗机构确诊为体弱儿的，企业可适当延长该女职工的哺乳期，延长时间为____个月到____个月。

第五十二条 企业每____年组织全体女职工进行一次妇科疾病健康检查，费用由企业支付，检查结果应告知女职工本人。

企业每月为女职工发放卫生费，标准为每人每月____元。

第五十三条 企业为全体女职工办理针对女性疾病的商业保险，具体是女职工安康团体保险，费用根据国家有关规定列支。

第五十四条 全体女职工3月8日放假半天。

第五十五条 女职工生育产生的符合规定的医疗费用，其所在单位已参加生育保险的，按有关规定执行；未参加生育保险的，或者因企业欠缴生育保险费影响女职工及时享受有关待遇的，由企业按生育保险规定的项目和标准支付待遇。

第八章 职业技能培训

第五十六条 企业根据工作岗位特点、条件和要求，对职工进行有计划的培训，以全面提高职工素质，增强生产活力。

第五十七条 企业按职工工资总额的____%提取职工教育培训经费，列入成本开支，用于安排职工参加各种职业技能培训，其中用于管理人员的培训经费不得高于总额的____%，用于一线职工的培训经费不得低于总额的____%。年度教育培训经费的使用方案以及培训计划应经职工代表大会（职工大会）讨论通过。

第五十八条 企业鼓励和支持职工学习文化和专业技能，对取得相关学历证书或通过培训取得技能等级证书的职工给予奖励。

第五十九条 企业为职工提供专项培训费用，对其进行专业技术培训的，可以与职工订立专项协议，约定服务期和违约责任。

第九章　合同双方责任及权利与义务

第六十条　为保证本集体合同履行，双方联合建立集体合同协商制度，并成立协商代表小组，企业与职工双方协商代表的人数应当对等，并各自确定一名首席代表。企业一方的协商代表由企业法定代表人指派，首席代表由企业法定代表人担任。职工一方的协商代表由企业工会选派，首席代表由企业工会主席担任。

第六十一条　集体协商任何一方均可就签订集体合同相关事宜，以书面形式向对方提出进行集体协商的要求。一方提出协商要求时，另一方应当在收到协商要求之日起20日内以书面形式给予回应，无正当理由不得拒绝进行集体协商。协商内容指定专人记录，经双方协商代表确认签字后存档。协商决定的事项视为合同的组成部分。未经双方同意，任何一方无权变更和解除本合同。

第六十二条　企业依据《劳动法》《劳动合同法》《工会法》《职工代表大会条例》建立健全必要的规章制度和劳动标准，制定和修改职工工资调整计划、奖惩办法及涉及职工利益的重大问题应提交职工代表大会审议通过后实施。

第六十三条　企业有权决定机构设置及其人员编制，对此产生的富余人员或因生产经营状况发生变化而产生的富余人员，企业有权根据实际情况进行妥善处理。

第六十四条　企业对遵守劳动纪律、完成任务好的职工，给予物质和精神奖励。因职工本人原因给企业造成经济损失的，企业可要求其赔偿经济损失。经济损失的赔偿，可从劳动者本人的工资、奖金等职工收入中扣除，但扣除后的剩余部分不能低于当地最低工资标准。

第六十五条　企业对违反劳动纪律、规章制度、劳动合同规定的职工，可依法按照程序给予行政处分、辞退等处理。工会认为不适当的，有权提出意见。因行政处分、辞退等处理发生劳动争议，职工可向企业劳动争议调解委员会申请调解，调解无效，可按程序向上级部门申请仲裁。

第六十六条 企业应根据《工会法》，按时拨缴工会经费，支持工会开展各项有益活动。

第六十七条 根据《工会法》，工会对企业贯彻执行国家劳动法律、法规和政策予以监督，有权组织职工参与企业的民主管理，并对生产经营和领导作风等进行监督和批评。

第六十八条 企业辞退、处分职工，工会认为不适当的，有权提出意见，企业在做出开除、除名职工时，应征求工会意见。

第六十九条 工会应认真履行“维护、教育、参与、建设”四项职能，为企业的生存和发展做出积极努力。

第七十条 全体职工应服从企业的生产调度和指挥，完成本职本岗的生产（工作）任务，遵守劳动安全卫生规程和规章制度，遵守职业道德规范。

第十章 合同的变更、解除和争议处理

第七十一条 本合同有效期为____年，期满或双方约定的终止条件出现，即行终止。合同期满前____个月，双方平等协商重新签订或续签新合同。

第七十二条 双方协商代表协商一致，可以变更或解除集体合同。有下列情形之一的，也可以变更或解除集体合同：（一）所依据的法律、法规和政策被修改或者废止；（二）不可抗力；（三）企业因被兼并、解散、破产等原因，致使集体合同无法履行的；（四）约定的变更或者解除条件出现。

签约双方协商解除本合同的，应当在七日内向劳动和社会保障部门、地方工会报送解除集体合同书面说明。

第七十三条 双方因履行合同发生争议，首先应由争议双方在七日内协商解决，协商解决不成时，可以依法向劳动争议仲裁委员申请仲裁。

第十一章　附　则

第七十四条　本合同依法生效后，协商一方或双方首席代表变更，不影响本合同的有效性。企业所属具有法人资格的单位，按照本集体合同的内容，根据单位实际工作情况，签订集体合同。

第七十五条　本合同未尽事宜，由双方依照法律、法规及企业有关制度平等协商解决。

第七十六条　本合同一式六份，合同双方各执一份，报送××市劳动保障行政部门三份审查、××市总工会一份备案。

甲方首席代表人：　　　　　　　　乙方首席代表人：

年　　月　　日　　　　　　　　年　　月　　日

某市行业性集体合同

甲方（员工方）：	乙方（企业方）：
涉及员工人数：	涉及企业数：
协商首席代表：	协商首席代表：
姓名：	姓名：
职务：	职务：
身份证号码：	身份证号码：
协商代表人数：	协商代表人数：
代表产生方式：	代表产生方式：
联系电话：	联系电话：

第一章　总　则

第一条　为构建和发展和谐稳定的劳动关系，维护本行业企业和员工的合法权益，增强合作共事，促进企业发展，根据《中华人民共和国劳动法》（以下简称《劳动法》）、《中华人民共和国劳动合同法》（以下简称《劳动合同法》）、《中华人民共和国工会法》和《集体合同规定》及本市有关法规、规章，经协商一致，签订本合同。

第二条　本合同由行业工会（或员工代表）代表员工与行业协会（或企业代表）代表企业通过集体协商签订。

第三条　进行集体协商，签订集体合同，应当遵循下列原则：

（一）遵守法律、法规、规章及国家有关规定；

（二）相互尊重，平等合作；

（三）兼顾双方合法权益；

（四）不得采取过激行为。

第四条　本合同对本行业各企业和全体员工具有约束力。企业与员工签订的劳动合同中劳动报酬和劳动条件等标准不得低于本合同规定的标准。

第二章　劳动报酬

第五条　本行业实行以下工资分配制度：

（一）____________________

（二）____________________

（三）____________________

第六条　本行业员工月工资不低于________元（不得低于本市政府公布的当年度最低工资）。

第七条　本行业各企业以货币形式支付员工工资，每月按约定的工资发放日足额发放。工资发放日遇法定节假日或休息日的，应当在之前的工作日发放。

第八条 企业应按《劳动法》及有关法律法规规定支付员工加班工资。加班工资以员工本人标准工资或以计件工资为基数，按正常工作时间以外、休息日、法定休假日加班分别支付150%、200%、300%工资报酬。

第九条 根据政府公布的年度工资指导线、工资指导价位和本行业员工工资水平及行业经济效益，经协商，确定本年度本行业员工工资增（减）______%。

第三章 工作时间和休息休假

第十条 企业应根据生产经营方式依法建立工时制度，合理安排员工工作时间和休息休假。

第十一条 企业因生产经营需要安排员工加班加点的，严格按《劳动法》有关规定执行。并依下列要求处理相关事宜：

（一）企业事先提出加班加点理由，确定工作量和加班人数；

（二）与企业工会或参与加班的员工协商；

（三）企业安排员工延长工作时间，加班加点时间不超过《劳动法》第四十一条规定的，企业工会和员工应当给予支持。

第四章 保险福利

第十二条 企业和员工依法参加社会保险，社会保险费的负担按社会保险法律、法规和规章的规定执行。员工依法享有社会保险待遇。

第十三条 企业根据经济效益情况，建立企业年金制度。企业年金所需费用由企业和个人共同缴纳，费用负担按国家有关规定执行。

第十四条 企业根据实际情况，逐步发展并改善员工的文娱设施、膳食、交通、住房等条件。

第五章 劳动安全卫生

第十五条 企业依照法律、法规及规章，建立健全劳动安全卫生责任制。

第十六条 企业应当提供符合国家职业卫生标准和卫生要求的工作环境和条件，并采取措施保障员工获得职业卫生保护。

第十七条 企业必须采用有效的职业病防护设施，并为员工提供个人使用的职业病防护用品。

第十八条 员工在劳动过程中，必须严格执行各项劳动安全卫生规程。

第十九条 对于危害员工身体健康和人身安全的工作，工会有权代表或支持员工予以抵制。

第二十条 发生员工伤亡事故，或出现危及员工身体健康和劳动安全的重大事故，企业应当及时处理，并在24小时以内向有关部门报告。

第六章 集体合同的期限、履行及争议处理

第二十一条 本合同从依法生效之日起，至____年____月____日止。

第二十二条 本合同一经生效，双方应严格遵守认真履行。合同履行期间，双方同意变更修改条款内容的，应按照《集体合同规定》的程序重新协商，并将变更修改后的内容报劳动保障行政部门审查。

第二十三条 因履行本合同发生争议，经协商解决不成的，可以依法申请仲裁、提起诉讼。

第七章 附 则

第二十四条 本合同未尽事宜，法律、法规和规章有规定的，依规定执行。无规定的双方应进行集体协商，签订补充条款，并送劳动保障行政部门审核登记。

第二十五条 本合同期限届满前3个月，双方应举行集体协商，重新订立本行业的集体合同。

第二十六条 本合同送劳动保障行政部门审查登记，自登记完成之

日起生效。送达15日内审查登记机构未提出异议的，本集体合同即行生效。

第二十七条 本合同一式三份。双方各执一份，另一份由劳动保障行政部门存档。

甲方首席代表： 乙方首席代表：

（签字盖章） （签字盖章）

年 月 日 年 月 日

武汉市餐饮行业工资专项集体合同

（2014年4月16日协商文本）

第一条 为维护职工合法权益，促进劳动关系和谐稳定，推动我市餐饮企业健康发展，根据《工会法》《劳动合同法》《集体合同规定》《工资集体协商试行办法》《湖北省集体合同条例》等法律法规和全总保障工作部、中国财贸轻纺烟草工会以及人力资源和社会保障部劳动工资研究所联合制定的《2014年餐饮行业工资福利工作指导意见》的规定，结合我市餐饮行业实际情况，由武汉市餐饮行业工会联合会和武汉餐饮业协会分别代表武汉市餐饮行业职工方和企业方，经平等协商，达成一致，签订本合同。

第二条 本合同对武汉市行政区域内的餐饮企业（以下简称企业）和餐饮企业从业职工（以下简称职工）具有法律约束力。企业与职工订立的劳动合同中有关劳动报酬标准不得低于本合同的规定。

第三条 工资分配制度

企业以岗位职责、工作绩效、经营风险为主要依据制定的工资分配制度，严格执行国家最低工资保障制度，以及国家劳动法律法规和政策关于工资及职工福利的规定。

企业工资分配制度遵循同工同酬、注重知识与技能、多劳多得、合法合规的原则，使工资与责任、利益、风险挂钩。工资分配制度中的工资分配原则，工资分配方式以及工资、奖金、津贴、补贴等分配办法，要确保透明。

企业制定、调整、实施涉及工资分配制度等职工权益的方案，应听取工会意见。制定、调整涉及工资分配制度等职工权益的方案须经职工代表大会或职工大会审议通过后实施。

第四条 工资支付办法

企业遵循有关法律法规按时足额、优先支付的原则，在每月固定日期，以货币形式按月支付职工工资，不得克扣和拖欠。

第五条 最低工资标准

企业职工在法定工作时间内提供了正常劳动，每月工资不得低于本行业最低工资标准。

本行业最低工资标准：

工作地点在中心城区（江岸区、江汉区、硚口区、汉阳区、武昌区、青山区、洪山区、武汉经济技术开发区、武汉东湖新技术开发区、东湖生态旅游风景区），最低工资标准为每月 1545 元；

工作地点在新城区（东西湖区、汉南区、蔡甸区、江夏区、黄陂区、新洲区），最低工资标准为每月 1263 元；

本行业同类岗位最低工资标准具体为（分为工作地点在中心城区或新城区）：

（一）厨师长，每月工资中心城区为 2879 元、新城区为 2399 元；

（二）中式烹饪人员，每月工资中心城区为 2057 元、新城区为 1713 元；

（三）中式面点人员，每月工资中心城区为 1886 元、新城区为 1570 元；

（四）西式烹饪人员，每月工资中心城区为 2280 元、新城区为

1899 元；

（五）西式面点人员，每月工资中心城区为 1886 元、新城区为 1570 元；

（六）营养配餐员，每月工资中心城区为 2023 元、新城区为 1684 元；

（七）餐厅服务员，每月工资中心城区为 1611 元、新城区为 1341 元；

（八）餐具清洗员，每月工资中心城区为 1578 元、新城区为 1314 元；

（九）前厅服务员，每月工资中心城区为 1646 元、新城区为 1369 元；

（十）迎宾员，每月工资中心城区为 1646 元、新城区为 1369 元。

本合同所述最低工资标准，不包含下列项目：延长工作时间的加班工资；中班、夜班、高温、低温等特殊工作环境条件下的津贴；法律、法规和国家规定的劳动者福利待遇等。

第六条 工资增长机制

企业以本合同规定标准为底线，参照劳动力市场工资指导价位、工资指导线、武汉市职工平均工资水平，综合考虑湖北省城镇居民物价消费指数，根据本单位经济效益建立职工工资正常增长和调整机制，使职工工资随企业经济效益的提高而正常增长。

本行业各企业 2014 年度职工工资增长不低于 7.5%。

第七条 加班工资

企业安排职工加班，所支付的加班工资标准按照国家有关规定执行：

（一）安排劳动者延长工作时间的，支付不低于工资的 150% 的工资报酬；

（二）休息日安排劳动者工作又不能安排补休的，支付不低于工资的 200% 的工资报酬；

（三）法定休假日安排劳动者工作的，支付不低于工资的 300% 的工资报酬。

职工月加班工资基数按照劳动合同约定的提供正常劳动应得的工资确定，但不得低于本合同约定的行业最低工资标准。

第八条 企业职工患病或者非因公负伤医疗期间，当月实发工资在扣除个人应缴纳的各项社会保险后，不得低于本合同规定行业最低工资标准的 80%。

试用期职工工资不得低于同岗位最低档工资或者劳动合同约定工资的 80%，并不得低于本合同规定行业最低工资标准。

企业可依据规章制度和工资分配制度对职工进行考核，依法进行奖惩。职工提供正常劳动的，其工资不得低于本合同约定的行业最低工资标准。

第九条 工作时间和休息休假

企业保证职工每周至少休息 1 日。一般实行每日工作时间不超过 8 小时、平均每周工作时间不超过 40 小时的工时制度。企业由于经营需要，经与工会和劳动者协商后，可以延长工作时间，一般每日不得超过 1 小时；因特殊原因需要延长工作时间的，在保障劳动者身体健康的条件下，延长工作时间每日不得超过 3 小时，但是每月不得超过 36 小时。经人力资源和社会保障部门批准实行综合计算工时制的企业除外。

职工休假按有关法律规定执行。

第十条 在工资、奖金和福利待遇方面，实行男女同工同酬，企业不得因女职工结婚、怀孕、生育、哺乳等情形，降低女职工的工资；怀孕 28 周以上的女职工，经用人单位批准，可请假休息，休息期间的工资按有关法律规定执行。

第十一条 职工保险

企业按照国家和武汉市的有关规定为职工缴纳养老、医疗、失业、工伤、生育各项社会保险费。

第十二条 职工培训

限额以上餐饮企业要按规定提取和落实劳动竞赛奖励经费，合理使用职工教育培训经费。餐饮企业工会要组织职工开展各种形式的劳动竞赛活动，提高职工素质，促进企业服务质量和经济效益的提高。

第十三条 职工福利

（一）企业为职工免费提供工作餐、工作服和其他福利；

（二）企业定期安排职工进行身体健康检查。职工在本企业工作一年以上的，每年安排一次体检，并承担全部费用。企业应采取措施为职工安排传染病、流行病、职业病、工伤等的预防和治疗。

第十四条 市餐饮行业工会联合会以及各餐饮企业工会积极组织职工开展“和谐企业”创建活动，评选和表彰先进典型和个人，促进劳资和谐、促进效益增长，确保职工工资增长比例兑现。

第十五条 本合同履行过程中，因为政府最低工资标准调整或武汉市人力资源市场部分职位（工种）工资指导价位等情况的变化和发展，需要对合同进行修改变更的，经双方协商一致，可以进行部分修改变更。

第十六条 企业违反本合同规定，损害职工合法权益的，应依法承担相关责任。职工违反了企业的有关制度也应承担相应的责任。

第十七条 本合同自双方代表签字之日起7日内由武汉餐饮业协会负责报送武汉市人力资源和社会保障局；市人力资源和社会保障局收到本合同文本之日起十五日内未提出异议的，本合同自行生效。

本合同有效期为2014年4月16日至2015年4月15日。

本合同期满，双方按规定协商重新签订。

武汉餐饮业协会	武汉市餐饮行业工会联合会
首席代表：	首席代表：
（协会盖章）	（工会盖章）
2014年4月16日	2014年4月16日

九　相关法律法规

中华人民共和国劳动法（节选）

第三十三条 企业职工一方与企业可以就劳动报酬、工作时间、休息休假、劳动安全卫生、保险福利等事项，签订集体合同。集体合同草案应当提交职工代表大会或者全体职工讨论通过。

集体合同由工会代表职工与企业签订；没有建立工会的企业，由职工推举的代表与企业签订。

第三十四条 集体合同签订后应当报送劳动行政部门；劳动行政部门自收到集体合同文本之日起十五日内未提出异议的，集体合同即行生效。

第三十五条 依法签订的集体合同对企业和企业全体职工具有约束力。职工个人与企业订立的劳动合同中劳动条件和劳动报酬等标准不得低于集体合同的规定。

第三十六条 国家实行劳动者每日工作时间不超过八小时、平均每周工作时间不超过四十四小时的工时制度。

第三十七条 对实行计件工作的劳动者，用人单位应当根据本法第三十六条规定的工时制度合理确定其劳动定额和计件报酬标准。

第四十一条 用人单位由于生产经营需要，经与工会和劳动者协商后可以延长工作时间，一般每日不得超过一小时；因特殊原因需要延长工作时间的，在保障劳动者身体健康的条件下延长工作时间每日不得超过三小时，但是每月不得超过三十六小时。

第四十四条 有下列情形之一的，用人单位应当按照下列标准支付高于劳动者正常工作时间工资的工资报酬：

（一）安排劳动者延长工作时间的，支付不低于工资的百分之一百五十的工资报酬；

（二）休息日安排劳动者工作又不能安排补休的，支付不低于工资的百分之二百的工资报酬；

（三）法定休假日安排劳动者工作的，支付不低于工资的百分之三百的工资报酬。

第四十五条 国家实行带薪年休假制度。

劳动者连续工作一年以上的，享受带薪年休假。具体办法由国务院规定。

第四十六条 工资分配应当遵循按劳分配原则，实行同工同酬。

工资水平在经济发展的基础上逐步提高。国家对工资总量实行宏观调控。

第四十七条 用人单位根据本单位的生产经营特点和经济效益，依法自主确定本单位的工资分配方式和工资水平。

第四十八条 国家实行最低工资保障制度。最低工资的具体标准由省、自治区、直辖市人民政府规定，报国务院备案。

用人单位支付劳动者的工资不得低于当地最低工资标准。

第四十九条 确定和调整最低工资标准应当综合参考下列因素：

（一）劳动者本人及平均赡养人口的最低生活费用；

（二）社会平均工资水平；

（三）劳动生产率；

（四）就业状况；

（五）地区之间经济发展水平的差异。

第五十条 工资应当以货币形式按月支付给劳动者本人。不得克扣或者无故拖欠劳动者的工资。

第五十一条 劳动者在法定休假日和婚丧假期间以及依法参加社会活动期间，用人单位应当依法支付工资。

第八十四条 因签订集体合同发生争议，当事人协商解决不成的，当地人民政府劳动行政部门可以组织有关各方协调处理。

因履行集体合同发生争议，当事人协商解决不成的，可以向劳动争议仲裁委员会申请仲裁；对仲裁裁决不服的，可以自收到仲裁裁决书之日起十五日内向人民法院提起诉讼。

中华人民共和国劳动合同法（节选）

第四条 用人单位应当依法建立和完善劳动规章制度，保障劳动者享有劳动权利、履行劳动义务。

用人单位在制定、修改或者决定有关劳动报酬、工作时间、休息休假、劳动安全卫生、保险福利、职工培训、劳动纪律以及劳动定额管理等直接涉及劳动者切身利益的规章制度或者重大事项时，应当经职工代表大会或者全体职工讨论，提出方案和意见，与工会或者职工代表平等协商确定。

在规章制度和重大事项决定实施过程中，工会或者职工认为不适当的，有权向用人单位提出，通过协商予以修改完善。

用人单位应当将直接涉及劳动者切身利益的规章制度和重大事项决定公示，或者告知劳动者。

第五条 县级以上人民政府劳动行政部门会同工会和企业方面代表，建立健全协调劳动关系三方机制，共同研究解决有关劳动关系的重大问题。

第六条 工会应当帮助、指导劳动者与用人单位依法订立和履行劳动合同，并与用人单位建立集体协商机制，维护劳动者的合法权益。

第二十条 劳动者在试用期的工资不得低于本单位相同岗位最低档工资或者劳动合同约定工资的百分之八十，并不得低于用人单位所在地的最低工资标准。

第五十一条 企业职工一方与用人单位通过平等协商，可以就劳动报酬、工作时间、休息休假、劳动安全卫生、保险福利等事项订立集体合同。集体合同草案应当提交职工代表大会或者全体职工讨论通过。

集体合同由工会代表企业职工一方与用人单位订立；尚未建立工会的用人单位，由上级工会指导劳动者推举的代表与用人单位订立。

第五十二条 企业职工一方与用人单位可以订立劳动安全卫生、女职工权益保护、工资调整机制等专项集体合同。

第五十三条 在县级以下区域内，建筑业、采矿业、餐饮服务业等行业可以由工会与企业方面代表订立行业性集体合同，或者订立区域性集体合同。

第五十四条 集体合同订立后，应当报送劳动行政部门；劳动行政部门自收到集体合同文本之日起十五日内未提出异议的，集体合同即行生效。

依法订立的集体合同对用人单位和劳动者具有约束力。行业性、区域性集体合同对当地本行业、本区域的用人单位和劳动者具有约束力。

第五十五条 集体合同中劳动报酬和劳动条件等标准不得低于当地人民政府规定的最低标准；用人单位与劳动者订立的劳动合同中劳动报酬和劳动条件等标准不得低于集体合同规定的标准。

第五十六条 用人单位违反集体合同，侵犯职工劳动权益的，工会可以依法要求用人单位承担责任；因履行集体合同发生争议，经协商解决不成的，工会可以依法申请仲裁、提起诉讼。

第五十八条 劳务派遣单位是本法所称用人单位，应当履行用人单位对劳动者的义务。劳务派遣单位与被派遣劳动者订立的劳动合同，除应当载明本法第十七条规定的事项外，还应当载明被派遣劳动者的用工单位以及派遣期限、工作岗位等情况。

劳务派遣单位应当与被派遣劳动者订立二年以上的固定期限劳动合同，按月支付劳动报酬；被派遣劳动者在无工作期间，劳务派遣单位应当按照所在地人民政府规定的最低工资标准，向其按月支付报酬。

第六十二条 用工单位应当履行下列义务：

（一）执行国家劳动标准，提供相应的劳动条件和劳动保护；

（二）告知被派遣劳动者的工作要求和劳动报酬；

（三）支付加班费、绩效奖金，提供与工作岗位相关的福利待遇；

（四）对在岗被派遣劳动者进行工作岗位所必需的培训；

（五）连续用工的，实行正常的工资调整机制。

用工单位不得将被派遣劳动者再派遣到其他用人单位。

第六十三条 被派遣劳动者享有与用工单位的劳动者同工同酬的权利。用工单位应当按照同工同酬原则，对被派遣劳动者与本单位同类岗位的劳动者实行相同的劳动报酬分配办法。用工单位无同类岗位劳动者的，参照用工单位所在地相同或者相近岗位劳动者的劳动报酬确定。

劳务派遣单位与被派遣劳动者订立的劳动合同和与用工单位订立的劳务派遣协议，载明或者约定的向被派遣劳动者支付的劳动报酬应当符合前款规定。

第七十二条 非全日制用工小时计酬标准不得低于用人单位所在地人民政府规定的最低小时工资标准。

非全日制用工劳动报酬结算支付周期最长不得超过十五日。

第七十八条 工会依法维护劳动者的合法权益，对用人单位履行劳动合同、集体合同的情况进行监督。用人单位违反劳动法律、法规和劳动合同、集体合同的，工会有权提出意见或者要求纠正；劳动者申请仲裁、提起诉讼的，工会依法给予支持和帮助。

中华人民共和国工会法（节选）

第六条 维护职工合法权益是工会的基本职责。工会在维护全国人民总体利益的同时，代表和维护职工的合法权益。

工会通过平等协商和集体合同制度，协调劳动关系，维护企业职工劳动权益。

工会依照法律规定通过职工代表大会或者其他形式，组织职工参与本单位的民主决策、民主管理和民主监督。

工会必须密切联系职工，听取和反映职工的意见和要求，关心职工的生活，帮助职工解决困难，全心全意为职工服务。

第二十条 工会帮助、指导职工与企业以及实行企业化管理的事业单位签订劳动合同。

工会代表职工与企业以及实行企业化管理的事业单位进行平等协商，签订集体合同。集体合同草案应当提交职工代表大会或者全体职工讨论通过。

工会签订集体合同，上级工会应当给予支持和帮助。

企业违反集体合同，侵犯职工劳动权益的，工会可以依法要求企业承担责任；因履行集体合同发生争议，经协商解决不成的，工会可以向劳动争议仲裁机构提请仲裁，仲裁机构不予受理或者对仲裁裁决不服的，可以向人民法院提起诉讼。

第五十三条 违反本法规定，有下列情形之一的，由县级以上人民政府责令改正，依法处理：

（一）妨碍工会组织职工通过职工代表大会和其他形式依法行使民主权利的；

（二）非法撤销、合并工会组织的；

（三）妨碍工会参加职工因工伤亡事故以及其他侵犯职工合法权益问题的调查处理的；

（四）无正当理由拒绝进行平等协商的。

工资支付暂行规定

（劳部发〔1994〕489号）

第一条 为维护劳动者通过劳动获得劳动报酬的权利，规范用人单位的工资支付行为，根据《中华人民共和国劳动法》有关规定，制定本规定。

本规定适用于在中华人民共和国境内的企业、个体经济组织（以下统称用人单位）和与之形成劳动关系的劳动者。

第二条 国家机关、事业组织、社会团体和与之建立劳动合同关系的劳动者，依照本规定执行。

第三条 本规定所称工资是指用人单位依据劳动合同的规定，以各种形式支付给劳动者的工资报酬。

第四条 工资支付主要包括：工资支付项目、工资支付水平、工资支付形式、工资支付对象、工资支付时间以及特殊情况下的工资支付。

第五条 工资应当以法定货币支付。不得以实物及有价证券替代货币支付。

第六条 用人单位应将工资支付给劳动者本人。劳动者本人因故不能领取工资时，可由其亲属或委托他人代领。

用人单位可委托银行代发工资。

用人单位必须书面记录支付劳动者工资的数额、时间、领取者的姓名以及签字，并保存两年以上备查。用人单位在支付工资时应向劳动者提供一份其个人的工资清单。

第七条 工资必须在用人单位与劳动者约定的日期支付。如遇节假日或休息日，则应提前在最近的工作日支付。工资至少每月支付一次，实行周、日、小时工资制的可按周、日、小时支付工资。

第八条 对完成一次性临时劳动或某项具体工作的劳动者，用人单位应按有关协议或合同规定在其完成劳动任务后即支付工资。

第九条 劳动关系双方依法解除或终止劳动合同时，用人单位应在解除或终止劳动合同时一次付清劳动者工资。

第十条 劳动者在法定工作时间内依法参加社会活动期间，用人单位应视同其提供了正常劳动而支付工资。社会活动包括：依法行使选举权或被选举权；当选代表出席乡（镇）、区以上政府、党派、工会、青年团、妇女联合会等组织召开的会议；出任人民法庭证明人；出席劳动模范、先进工作者大会；《工会法》规定的不脱产工会基层委员会委员因工作活动占用的生产或工作时间；其他依法参加的社会活动。

第十一条 劳动者依法享受年休假、探亲假、婚假、丧假期间，用人单位应按劳动合同规定的标准支付劳动者工资。

第十二条 非因劳动者原因造成单位停工、停产在一个工资支付周期内的，用人单位应按劳动合同规定的标准支付劳动者工资。超过一个工资支付周期的，若劳动者提供了正常劳动，则支付给劳动者的劳动报酬不得低于当地的最低工资标准；若劳动者没有提供正常劳动，应按国家有关规定办理。

第十三条 用人单位在劳动者完成劳动定额或规定的工作任务后，根据实际需要安排劳动者在法定标准工作时间以外工作的，应按以下标准支付工资：

（一）用人单位依法安排劳动者在日法定标准工作时间以外延长工作时间的，按照不低于劳动合同规定的劳动者本人小时工资标准的150%支付劳动者工资；

（二）用人单位依法安排劳动者在休息日工作，而又不能安排补休的，按照不低于劳动合同规定的劳动者本人日或小时工资标准的200%支付劳动者工资；

（三）用人单位依法安排劳动者在法定休假节日工作的，按照不低于劳动合同规定的劳动者本人日或小时工资标准的300%支付劳动者工资。

实行计件工资的劳动者，在完成计件定额任务后，由用人单位安排延长工作时间的，应根据上述规定的原则，分别按照不低于其本人法定工作时间计件单价的150%、200%、300%支付其工资。

经劳动行政部门批准实行综合计算工时工作制的，其综合计算工作时间超过法定标准工作时间的部分，应视为延长工作时间，并应按本规定支付劳动者延长工作时间的工资。

实行不定时工时制度的劳动者，不执行上述规定。

第十四条 用人单位依法破产时，劳动者有权获得其工资。在破产清偿中用人单位应按《中华人民共和国企业破产法》规定的清偿顺序，首先支付欠付本单位劳动者的工资。

第十五条 用人单位不得克扣劳动者工资。有下列情况之一的，用人单位可以代扣劳动者工资：

（一）用人单位代扣代缴的个人所得税；

（二）用人单位代扣代缴的应由劳动者个人负担的各项社会保险费用；

（三）法院判决、裁定中要求代扣的抚养费、赡养费；

（四）法律、法规规定可以从劳动者工资中扣除的其他费用。

第十六条 因劳动者本人原因给用人单位造成经济损失的，用人单位可按照劳动合同的约定要求其赔偿经济损失。经济损失的赔偿，可从劳动者本人的工资中扣除。但每月扣除的部分不得超过劳动者当月工资的20%。若扣除后的剩余工资部分低于当地月最低工资标准，则按最低工资标准支付。

第十七条 用人单位应根据本规定，通过与职工大会、职工代表大会或者其他形式协商制定内部的工资支付制度，并告知本单位全体劳动者，同时抄报当地劳动行政部门备案。

第十八条 各级劳动行政部门有权监察用人单位工资支付的情况。用人单位有下列侵害劳动者合法权益行为的，由劳动行政部门责令其支付劳动者工资和经济补偿，并可责令其支付赔偿金：

（一）克扣或者无故拖欠劳动者工资的；

（二）拒不支付劳动者延长工作时间工资的；

（三）低于当地最低工资标准支付劳动者工资的。

经济补偿和赔偿金的标准，按国家有关规定执行。

第十九条　劳动者与用人单位因工资支付发生劳动争议的，当事人可依法向劳动争议仲裁机关申请仲裁。对仲裁裁决不服的，可以向人民法院提起诉讼。

第二十条　本规定自一九九五年一月一日起执行。

对《工资支付暂行规定》有关问题的补充规定

（劳部发〔1995〕226 号）

根据《工资支付暂行规定》（劳部发〔1994〕489 号，以下简称《规定》）确定的原则，现就有关问题作出如下补充规定：

一、《规定》第十一条、第十二条、第十三条所称“按劳动合同规定的标准”，系指劳动合同规定的劳动者本人所在的岗位（职位）相对应的工资标准。

因劳动合同制度尚处于推进的过程中，按上述条款规定执行确有困难的，地方或行业劳动行政部门可在不违反《规定》所确定的总的原则基础上，制定过渡措施。

二、关于加班加点的工资支付问题

1.《规定》第十三条第（一）、（二）、（三）款规定的符合法定标准工作时间的制度工时以外延长工作时间及安排休息日和法定休假节日工作应支付的工资，是根据加班加点的多少，以劳动合同确定的正常工作时间工资标准的一定倍数所支付的劳动报酬，即凡是安排劳动者在法定工作日延长工作时间或安排在休息日工作而又不能补休的，均应支付给劳动者不低于劳动合同规定的劳动者本人小时或日工资标准150%、200%的工资；安排在法定休假节日工作的，应另外支付给劳动者不低于劳动合同规定的劳动者本人小时或日工资标准300%的工资。

2. 关于劳动者日工资的折算。由于劳动定额等劳动标准都与制度工时相联系，因此，劳动者日工资可统一按劳动者本人的月工资标准除以每月制度工作天数进行折算。

根据国家关于职工每日工作8小时，每周工作时间40小时的规定，每月制度工时天数为21.5天。考虑到国家允许施行每周40小时工时制度有困难的企业最迟可以延期到1997年5月1日施行，因此，在过渡期内，实行每周44小时工时制度的企业，其日工资折算可仍按每月制度工作天数23.5天执行。

三、《规定》第十五条中所称“克扣”系指用人单位无正当理由扣减劳动者应得工资（即在劳动者已提供正常劳动的前提下用人单位按劳动合同规定的标准应当支付给劳动者的全部劳动报酬）。不包括以下减发工资的情况：（1）国家的法律、法规中有明确规定的；（2）依法签订的劳动合同中有明确规定的；（3）用人单位依法制定并经职代会批准的厂规、厂纪中有明确规定的；（4）企业工资总额与经济效益相联系，经济效益下浮时，工资必须下浮的（但支付给劳动者工资不得低于当地的最低工资标准）；（5）因劳动者请事假等相应减发工资等。

四、《规定》第十八条所称“无故拖欠”系指用人单位无正当理由超过规定付薪时间未支付劳动者工资。不包括：（1）用人单位遇到非人力所能抗拒的自然灾害、战争等原因，无法按时支付工资；（2）用人单位确因生产经营困难、资金周转受到影响，在征得本单位工会同意后，可暂时延期支付劳动者工资，延期时间的最长限制可由各省、自治区、直辖市劳动行政部门根据各地情况确定。其他情况下拖欠工资均属无故拖欠。

五、关于特殊人员的工资支付问题

1. 劳动者受处分后的工资支付：（1）劳动者受行政处分后仍在原单位工作（如留用察看、降级等）或受刑事处分后重新就业的，应主要由用人单位根据具体情况自主确定其工资报酬；（2）劳动者受刑事处分期间，如收容审查、拘留（羁押）、缓刑、监外执行或劳动教养期间，其待遇按国家有关规定执行。

2. 学徒工、熟练工、大中专毕业生在学徒期、熟练期、见习期、试用期及转正定级后的工资待遇由用人单位自主确定。

3. 新就业复员军人的工资待遇由用人单位自主确定；分配到企业的军队转业干部的工资待遇，按国家有关规定执行。

最低工资规定

（劳动和社会保障部令第21号　2003年12月30日
经劳动和社会保障部第7次部务会议通过）

第一条　为了维护劳动者取得劳动报酬的合法权益，保障劳动者个人及其家庭成员的基本生活，根据劳动法和国务院有关规定，制定本规定。

第二条　本规定适用于在中华人民共和国境内的企业、民办非企业单位、有雇工的个体工商户（以下统称用人单位）和与之形成劳动关系的劳动者。

国家机关、事业单位、社会团体和与之建立劳动合同关系的劳动者，依照本规定执行。

第三条　本规定所称最低工资标准，是指劳动者在法定工作时间或依法签订的劳动合同约定的工作时间内提供了正常劳动的前提下，用人单位依法应支付的最低劳动报酬。

本规定所称正常劳动，是指劳动者按依法签订的劳动合同约定，在法定工作时间或劳动合同约定的工作时间内从事的劳动。劳动者依法享受带薪年休假、探亲假、婚丧假、生育（产）假、节育手术假等国家规定的假期间，以及法定工作时间内依法参加社会活动期间，视为提供了正常劳动。

第四条 县级以上地方人民政府劳动保障行政部门负责对本行政区域内用人单位执行本规定情况进行监督检查。

各级工会组织依法对本规定执行情况进行监督，发现用人单位支付劳动者工资违反本规定的，有权要求当地劳动保障行政部门处理。

第五条 最低工资标准一般采取月最低工资标准和小时最低工资标准的形式。月最低工资标准适用于全日制就业劳动者，小时最低工资标准适用于非全日制就业劳动者。

第六条 确定和调整月最低工资标准，应参考当地就业者及其赡养人口的最低生活费用、城镇居民消费价格指数、职工个人缴纳的社会保险费和住房公积金、职工平均工资、经济发展水平、就业状况等因素。

确定和调整小时最低工资标准，应在颁布的月最低工资标准的基础上，考虑单位应缴纳的基本养老保险费和基本医疗保险费因素，同时还应适当考虑非全日制劳动者在工作稳定性、劳动条件和劳动强度、福利等方面与全日制就业人员之间的差异。

月最低工资标准和小时最低工资标准具体测算方法见附件。

第七条 省、自治区、直辖市范围内的不同行政区域可以有不同的最低工资标准。

第八条 最低工资标准的确定和调整方案，由省、自治区、直辖市人民政府劳动保障行政部门会同同级工会、企业联合会/企业家协会研究拟订，并将拟订的方案报送劳动保障部。方案内容包括最低工资确定和调整的依据、适用范围、拟订标准和说明。劳动保障部在收到拟订方案后，应征求全国总工会、中国企业联合会/企业家协会的意见。

劳动保障部对方案可以提出修订意见，若在方案收到后 14 日内未提出修订意见的，视为同意。

第九条 省、自治区、直辖市劳动保障行政部门应将本地区最低工资标准方案报省、自治区、直辖市人民政府批准，并在批准后7日内在当地政府公报上和至少一种全地区性报纸上发布。省、自治区、直辖市劳动保障行政部门应在发布后10日内将最低工资标准报劳动保障部。

第十条 最低工资标准发布实施后，如本规定第六条所规定的相关因素发生变化，应当适时调整。最低工资标准每两年至少调整一次。

第十一条 用人单位应在最低工资标准发布后10日内将该标准向本单位全体劳动者公示。

第十二条 在劳动者提供正常劳动的情况下，用人单位应支付给劳动者的工资在剔除下列各项以后，不得低于当地最低工资标准：

（一）延长工作时间工资；

（二）中班、夜班、高温、低温、井下、有毒有害等特殊工作环境、条件下的津贴；

（三）法律、法规和国家规定的劳动者福利待遇等。

实行计件工资或提成工资等工资形式的用人单位，在科学合理的劳动定额基础上，其支付劳动者的工资不得低于相应的最低工资标准。

劳动者由于本人原因造成在法定工作时间内或依法签订的劳动合同约定的工作时间内未提供正常劳动的，不适用于本条规定。

第十三条 用人单位违反本规定第十一条规定的，由劳动保障行政部门责令其限期改正；违反本规定第十二条规定的，由劳动保障行政部门责令其限期补发所欠劳动者工资，并可责令其按所欠工资的1至5倍支付劳动者赔偿金。

第十四条 劳动者与用人单位之间就执行最低工资标准发生争议，按劳动争议处理有关规定处理。

第十五条 本规定自2004年3月1日起实施。1993年11月24日原劳动部发布的《企业最低工资规定》同时废止。

附：最低工资标准测算方法

最低工资标准测算方法

一、确定最低工资标准应考虑的因素

确定最低工资标准一般考虑城镇居民生活费用支出、职工个人缴纳社会保险费、住房公积金、职工平均工资、失业率、经济发展水平等因素。可用公式表示为：

M = f（C、S、A、U、E、a）

M 最低工资标准；

C 城镇居民人均生活费用；

S 职工个人缴纳社会保险费、住房公积金；

A 职工平均工资；

U 失业率；

E 经济发展水平；

a 调整因素。

二、确定最低工资标准的通用方法

1. 比重法即根据城镇居民家计调查资料，确定一定比例的最低人均收入户为贫困户，统计出贫困户的人均生活费用支出水平，乘以每一就业者的赡养系数，再加上一个调整数。

2. 恩格尔系数法即根据国家营养学会提供的年度标准食物谱及标准食物摄取量，结合标准食物的市场价格，计算出最低食物支出标准，除以恩格尔系数，得出最低生活费用标准，再乘以每一就业者的赡养系数，再加上一个调整数。

以上方法计算出月最低工资标准后，再考虑职工个人缴纳社会保险费、住房公积金、职工平均工资水平、社会救济金和失业保险金标准、就业状况、经济发展水平等进行必要的修正。

举例：某地区最低收入组人均每月生活费支出为210元，每一就业者赡养系数为1.87，最低食物费用为127元，恩格尔系数为0.604，平均工资为900元。

1. 按比重法计算得出该地区月最低工资标准为：

月最低工资标准 = 210 × 1.87 + a = 393 + a（元）（1）

2. 按恩格尔系数法计算得出该地区月最低工资标准为：

月最低工资标准 = 127 ÷ 0.604 × 1.87 + a = 393 + a（元）（2）

公式（1）与（2）中a的调整因素主要考虑当地个人缴纳养老、失业、医疗保险费和住房公积金等费用。

另，按照国际上一般月最低工资标准相当于月平均工资的40% ~ 60%，则该地区月最低工资标准范围应在360元 ~ 540元之间。

小时最低工资标准 = 〔（月最低工资标准 ÷ 20.92 ÷ 8）×（1 + 单位应当缴纳的基本养老保险费、基本医疗保险费比例之和）〕×（1 + 浮动系数）

浮动系数的确定主要考虑非全日制就业劳动者工作稳定性、劳动条件和劳动强度、福利等方面与全日制就业人员之间的差异。

各地可参照以上测算办法，根据当地实际情况合理确定月、小时最低工资标准。

集体合同规定

（中华人民共和国劳动和社会保障部令第22号
2003年12月30日经劳动和社会保障部第7次部务会议通过）

总　则

第一条　为规范集体协商和签订集体合同行为，依法维护劳动者和用人单位的合法权益，根据《中华人民共和国劳动法》和《中华人民共和国工会法》，制定本规定。

第二条 中华人民共和国境内的企业和实行企业化管理的事业单位（以下统称用人单位）与本单位职工之间进行集体协商，签订集体合同，适用本规定。

第三条 本规定所称集体合同，是指用人单位与本单位职工根据法律、法规、规章的规定，就劳动报酬、工作时间、休息休假、劳动安全卫生、职业培训、保险福利等事项，通过集体协商签订的书面协议；所称专项集体合同，是指用人单位与本单位职工根据法律、法规、规章的规定，就集体协商的某项内容签订的专项书面协议。

第四条 用人单位与本单位职工签订集体合同或专项集体合同，以及确定相关事宜，应当采取集体协商的方式。集体协商主要采取协商会议的形式。

第五条 进行集体协商，签订集体合同或专项集体合同，应当遵循下列原则：

（一）遵守法律、法规、规章及国家有关规定；

（二）相互尊重，平等协商；

（三）诚实守信，公平合作；

（四）兼顾双方合法权益；

（五）不得采取过激行为。

第六条 符合本规定的集体合同或专项集体合同，对用人单位和本单位的全体职工具有法律约束力。

用人单位与职工个人签订的劳动合同约定的劳动条件和劳动报酬等标准，不得低于集体合同或专项集体合同的规定。

第七条 县级以上劳动保障行政部门对本行政区域内用人单位与本单位职工开展集体协商、签订、履行集体合同的情况进行监督，并负责审查集体合同或专项集体合同。

第二章 集体协商内容

第八条 集体协商双方可以就下列多项或某项内容进行集体协商，签订集体合同或专项集体合同：

（一）劳动报酬；

（二）工作时间；

（三）休息休假；

（四）劳动安全与卫生；

（五）补充保险和福利；

（六）女职工和未成年工特殊保护；

（七）职业技能培训；

（八）劳动合同管理；

（九）奖惩；

（十）裁员；

（十一）集体合同期限；

（十二）变更、解除集体合同的程序；

（十三）履行集体合同发生争议时的协商处理办法；

（十四）违反集体合同的责任；

（十五）双方认为应当协商的其他内容。

第九条 劳动报酬主要包括：

（一）用人单位工资水平、工资分配制度、工资标准和工资分配形式；

（二）工资支付办法；

（三）加班、加点工资及津贴、补贴标准和奖金分配办法；

（四）工资调整办法；

（五）试用期及病、事假等期间的工资待遇；

（六）特殊情况下职工工资（生活费）支付办法；

（七）其他劳动报酬分配办法。

第十条 工作时间主要包括：

（一）工时制度；

（二）加班加点办法；

（三）特殊工种的工作时间；

（四）劳动定额标准。

第十一条 休息休假主要包括：

（一）日休息时间、周休息日安排、年休假办法；

（二）不能实行标准工时职工的休息休假；

（三）其他假期。

第十二条 劳动安全卫生主要包括：

（一）劳动安全卫生责任制；

（二）劳动条件和安全技术措施；

（三）安全操作规程；

（四）劳保用品发放标准；

（五）定期健康检查和职业健康体检。

第十三条 补充保险和福利主要包括：

（一）补充保险的种类、范围；

（二）基本福利制度和福利设施；

（三）医疗期延长及其待遇；

（四）职工亲属福利制度。

第十四条 女职工和未成年工的特殊保护主要包括：

（一）女职工和未成年工禁忌从事的劳动；

（二）女职工的经期、孕期、产期和哺乳期的劳动保护；

（三）女职工、未成年工定期健康检查；

（四）未成年工的使用和登记制度。

第十五条 职业技能培训主要包括：

（一）职业技能培训项目规划及年度计划；

（二）职业技能培训费用的提取和使用；

（三）保障和改善职业技能培训的措施。

第十六条 劳动合同管理主要包括：

（一）劳动合同签订时间；

（二）确定劳动合同期限的条件；

（三）劳动合同变更、解除、续订的一般原则及无固定期限劳动合同的终止条件；

（四）试用期的条件和期限。

第十七条 奖惩主要包括：

（一）劳动纪律；

（二）考核奖惩制度；

（三）奖惩程序。

第十八条 裁员主要包括：

（一）裁员的方案；

（二）裁员的程序；

（三）裁员的实施办法和补偿标准。

第三章 集体协商代表

第十九条 本规定所称集体协商代表（以下统称协商代表），是指按照法定程序产生并有权代表本方利益进行集体协商的人员。

集体协商双方的代表人数应当对等，每方至少3人，并各确定1名首席代表。

第二十条 职工一方的协商代表由本单位工会选派。未建立工会的，由本单位职工民主推荐，并经本单位半数以上职工同意。

职工一方的首席代表由本单位工会主席担任。工会主席可以书面委托其他协商代表代理首席代表。工会主席空缺的，首席代表由工会主要负责人担任。未建立工会的，职工一方的首席代表从协商代表中民主推举产生。

第二十一条 用人单位一方的协商代表，由用人单位法定代表人指派，首席代表由单位法定代表人担任或由其书面委托的其他管理人员担任。

第二十二条 协商代表履行职责的期限由被代表方确定。

第二十三条 集体协商双方首席代表可以书面委托本单位以外的专业人员作为本方协商代表。委托人数不得超过本方代表的三分之一。

首席代表不得由非本单位人员代理。

第二十四条 用人单位协商代表与职工协商代表不得相互兼任。

第二十五条 协商代表应履行下列职责：

（一）参加集体协商；

（二）接受本方人员质询，及时向本方人员公布协商情况并征求意见；

（三）提供与集体协商有关的情况和资料；

（四）代表本方参加集体协商争议的处理；

（五）监督集体合同或专项集体合同的履行；

（六）法律、法规和规章规定的其他职责。

第二十六条 协商代表应当维护本单位正常的生产、工作秩序，不得采取威胁、收买、欺骗等行为。

协商代表应当保守在集体协商过程中知悉的用人单位的商业秘密。

第二十七条 企业内部的协商代表参加集体协商视为提供了正常劳动。

第二十八条 职工一方协商代表在其履行协商代表职责期间劳动合同期满的，劳动合同期限自动延长至完成履行协商代表职责之时，除出现下列情形之一的，用人单位不得与其解除劳动合同：

（一）严重违反劳动纪律或用人单位依法制定的规章制度的；

（二）严重失职、营私舞弊，对用人单位利益造成重大损害的；

（三）被依法追究刑事责任的。

职工一方协商代表履行协商代表职责期间，用人单位无正当理由不得调整其工作岗位。

第二十九条 职工一方协商代表就本规定第二十七条、第二十八条的规定与用人单位发生争议的，可以向当地劳动争议仲裁委员会申请仲裁。

第三十条 工会可以更换职工一方协商代表；未建立工会的，经本单位半数以上职工同意可以更换职工一方协商代表。

用人单位法定代表人可以更换用人单位一方协商代表。

第三十一条 协商代表因更换、辞任或遇有不可抗力等情形造成空缺的，应在空缺之日起15日内按照本规定产生新的代表。

第四章 集体协商程序

第三十二条 集体协商任何一方均可就签订集体合同或专项集体合同以及相关事宜，以书面形式向对方提出进行集体协商的要求。

一方提出进行集体协商要求的，另一方应当在收到集体协商要求之日起20日内以书面形式给以回应，无正当理由不得拒绝进行集体协商。

第三十三条 协商代表在协商前应进行下列准备工作：

（一）熟悉与集体协商内容有关的法律、法规、规章和制度；

（二）了解与集体协商内容有关的情况和资料，收集用人单位和职工对协商意向所持的意见；

（三）拟定集体协商议题，集体协商议题可由提出协商一方起草，也可由双方指派代表共同起草；

（四）确定集体协商的时间、地点等事项；

（五）共同确定一名非协商代表担任集体协商记录员。记录员应保持中立、公正，并为集体协商双方保密。

第三十四条 集体协商会议由双方首席代表轮流主持，并按下列程序进行：

（一）宣布议程和会议纪律；

（二）一方首席代表提出协商的具体内容和要求，另一方首席代表就对方的要求作出回应；

（三）协商双方就商谈事项发表各自意见，开展充分讨论；

（四）双方首席代表归纳意见。达成一致的，应当形成集体合同草案或专项集体合同草案，由双方首席代表签字。

第三十五条 集体协商未达成一致意见或出现事先未预料的问题时，经双方协商，可以中止协商。中止期限及下次协商时间、地点、内容由双方商定。

第五章 集体合同的订立、变更、解除和终止

第三十六条 经双方协商代表协商一致的集体合同草案或专项集体合同草案应当提交职工代表大会或者全体职工讨论。

职工代表大会或者全体职工讨论集体合同草案或专项集体合同草案，应当有三分之二以上职工代表或者职工出席，且须经全体职工代表半数以上或者全体职工半数以上同意，集体合同草案或专项集体合同草案方获通过。

第三十七条 集体合同草案或专项集体合同草案经职工代表大会或者职工大会通过后，由集体协商双方首席代表签字。

第三十八条 集体合同或专项集体合同期限一般为 1 至 3 年，期满或双方约定的终止条件出现，即行终止。

集体合同或专项集体合同期满前 3 个月内，任何一方均可向对方提出重新签订或续订的要求。

第三十九条 双方协商代表协商一致，可以变更或解除集体合同或专项集体合同。

第四十条 有下列情形之一的，可以变更或解除集体合同或专项集体合同：

（一）用人单位因被兼并、解散、破产等原因，致使集体合同或专项集体合同无法履行的；

（二）因不可抗力等原因致使集体合同或专项集体合同无法履行或部分无法履行的；

（三）集体合同或专项集体合同约定的变更或解除条件出现的；

（四）法律、法规、规章规定的其他情形。

第四十一条 变更或解除集体合同或专项集体合同适用本规定的集体协商程序。

第六章 集体合同审查

第四十二条 集体合同或专项集体合同签订或变更后，应当自双方首席代表签字之日起 10 日内，由用人单位一方将文本一式三份报送劳动保障行政部门审查。

劳动保障行政部门对报送的集体合同或专项集体合同应当办理登记手续。

第四十三条 集体合同或专项集体合同审查实行属地管辖，具体管辖范围由省级劳动保障行政部门规定。

中央管辖的企业以及跨省、自治区、直辖市的用人单位的集体合同应当报送劳动保障部或劳动保障部指定的省级劳动保障行政部门。

第四十四条 劳动保障行政部门应当对报送的集体合同或专项集体合同的下列事项进行合法性审查：

（一）集体协商双方的主体资格是否符合法律、法规和规章规定；

（二）集体协商程序是否违反法律、法规、规章规定；

（三）集体合同或专项集体合同内容是否与国家规定相抵触。

第四十五条 劳动保障行政部门对集体合同或专项集体合同有异议的，应当自收到文本之日起 15 日内将《审查意见书》送达双方协商代表。《审查意见书》应当载明以下内容：

（一）集体合同或专项集体合同当事人双方的名称、地址；

（二）劳动保障行政部门收到集体合同或专项集体合同的时间；

（三）审查意见；

（四）作出审查意见的时间。

《审查意见书》应当加盖劳动保障行政部门印章。

第四十六条 用人单位与本单位职工就劳动保障行政部门提出异议的事项经集体协商重新签订集体合同或专项集体合同的，用人单位一方应当根据本规定第四十二条的规定将文本报送劳动保障行政部门审查。

第四十七条 劳动保障行政部门自收到文本之日起15日内未提出异议的，集体合同或专项集体合同即行生效。

第四十八条 生效的集体合同或专项集体合同，应当自其生效之日起由协商代表及时以适当的形式向本方全体人员公布。

第七章 集体协商争议的协调处理

第四十九条 集体协商过程中发生争议，双方当事人不能协商解决的，当事人一方或双方可以书面向劳动保障行政部门提出协调处理申请；未提出申请的，劳动保障行政部门认为必要时也可以进行协调处理。

第五十条 劳动保障行政部门应当组织同级工会和企业组织等三方面的人员，共同协调处理集体协商争议。

第五十一条 集体协商争议处理实行属地管辖，具体管辖范围由省级劳动保障行政部门规定。

中央管辖的企业以及跨省、自治区、直辖市用人单位因集体协商发生的争议，由劳动保障部指定的省级劳动保障行政部门组织同级工会和企业组织等三方面的人员协调处理，必要时，劳动保障部也可以组织有关方面协调处理。

第五十二条 协调处理集体协商争议，应当自受理协调处理申请之日起30日内结束协调处理工作。期满未结束的，可以适当延长协调期限，但延长期限不得超过15日。

第五十三条 协调处理集体协商争议应当按照以下程序进行：

（一）受理协调处理申请；

（二）调查了解争议的情况；

（三）研究制定协调处理争议的方案；

（四）对争议进行协调处理；

（五）制作《协调处理协议书》。

第五十四条 《协调处理协议书》应当载明协调处理申请、争议的事实和协调结果，双方当事人就某些协商事项不能达成一致的，应将继续协商的有关事项予以载明。《协调处理协议书》由集体协商争议协调处理人员和争议双方首席代表签字盖章后生效。争议双方均应遵守生效后的《协调处理协议书》。

第八章 附 则

第五十五条 因履行集体合同发生的争议，当事人协商解决不成的，可以依法向劳动争议仲裁委员会申请仲裁。

第五十六条 用人单位无正当理由拒绝工会或职工代表提出的集体协商要求的，按照《工会法》及有关法律、法规的规定处理。

第五十七条 本规定于2004年5月1日起实施。原劳动部1994年12月5日颁布的《集体合同规定》同时废止。

工资集体协商试行办法

（劳动和社会保障部令第9号 2000年10月10日
经劳动和社会保障部部务会议通过）

总 则

第一条 为规范工资集体协商和签订工资集体协议（以下简称工资协议）的行为，保障劳动关系双方的合法权益，促进劳动关系的和谐稳定，依据《中华人民共和国劳动法》和国家有关规定，制定本办法。

第二条 中华人民共和国境内的企业依法开展工资集体协商，签订工资协议，适用本办法。

第三条 本办法所称工资集体协商，是指职工代表与企业代表依法就企业内部工资分配制度、工资分配形式、工资收入水平等事项进行平等协商，在协商一致的基础上签订工资协议的行为。

本办法所称工资协议，是指专门就工资事项签订的专项集体合同。已订立集体合同的，工资协议作为集体合同的附件，并与集体合同具有同等效力。

第四条 依法订立的工资协议对企业和职工双方具有同等约束力。双方必须全面履行工资协议规定的义务，任何一方不得擅自变更或解除工资协议。

第五条 职工个人与企业订立的劳动合同中关于工资报酬的标准，不得低于工资协议规定的最低标准。

第六条 县级以上劳动保障行政部门依法对工资协议进行审查，对协议的履行情况进行监督检查。

第二章 工资集体协商内容

第七条 工资集体协商一般包括以下内容：

（一）工资协议的期限；

（二）工资分配制度、工资标准和工资分配形式；

（三）职工年度平均工资水平及其调整幅度；

（四）奖金、津贴、补贴等分配办法；

（五）工资支付办法；

（六）变更、解除工资协议的程序；

（七）工资协议的终止条件；

（八）工资协议的违约责任；

（九）双方认为应当协商约定的其他事项。

第八条 协商确定职工年度工资水平应符合国家有关工资分配的宏

观调控政策，并综合参考下列因素：

（一）地区、行业、企业的人工成本水平；

（二）地区、行业的职工平均工资水平；

（三）当地政府发布的工资指导线、劳动力市场工资指导价位；

（四）本地区城镇居民消费价格指数；

（五）企业劳动生产率和经济效益；

（六）国有资产保值增值；

（七）上年度企业职工工资总额和职工平均工资水平；

（八）其他与工资集体协商有关的情况。

第三章　工资集体协商代表

第九条　工资集体协商代表应依照法定程序产生。职工一方由工会代表。未建工会的企业由职工民主推举代表，并得到半数以上职工的同意。企业代表由法定代表人和法定代表人指定的其他人员担任。

第十条　协商双方各确定一名首席代表。职工首席代表应当由工会主席担任，工会主席可以书面委托其他人员作为自己的代理人；未成立工会的，由职工集体协商代表推举。企业首席代表应当由法定代表人担任，法定代表人可以书面委托其他管理人员作为自己的代理人。

第十一条　协商双方的首席代表在工资集体协商期间轮流担任协商会议执行主席。协商会议执行主席的主要职责是负责工资集体协商有关组织协调工作，并对协商过程中发生的问题提出处理建议。

第十二条　协商双方可书面委托本企业以外的专业人士作为本方协商代表。委托人数不得超过本方代表的三分之一。

第十三条　协商双方享有平等的建议权、否决权和陈述权。

第十四条　由企业内部产生的协商代表参加工资集体协商的活动应视为提供正常劳动，享受的工资、奖金、津贴、补贴、保险福利待遇不变。其中，职工协商代表的合法权益受法律保护。企业不得对职工协商代表采取歧视性行为，不得违法解除或变更其劳动合同。

第十五条 协商代表应遵守双方确定的协商规则，履行代表职责，并负有保守企业商业秘密的责任。协商代表任何一方不得采取过激、威胁、收买、欺骗等行为。

第十六条 协商代表应了解和掌握工资分配的有关情况，广泛征求各方面的意见，接受本方人员对工资集体协商有关问题的质询。

第四章 工资集体协商程序

第十七条 职工和企业任何一方均可提出进行工资集体协商的要求。工资集体协商的提出方应向另一方提出书面的协商意向书，明确协商的时间、地点、内容等。另一方接到协商意向书后，应于20日内予以书面答复，并与提出方共同进行工资集体协商。

第十八条 在不违反有关法律、法规的前提下，协商双方有义务按照对方要求，在协商开始前5日内，提供与工资集体协商有关的真实情况和资料。

第十九条 工资协议草案应提交职工代表大会或职工大会讨论审议。

第二十条 工资集体协商双方达成一致意见后，由企业行政方制作工资协议文本。工资协议经双方首席代表签字盖章后成立。

第五章 工资协议审查

第二十一条 工资协议签订后，应于7日内由企业将工资协议一式三份及说明，报送劳动保障行政部门审查。

第二十二条 劳动保障行政部门应在收到工资协议15日内，对工资集体协商双方代表资格、工资协议的条款内容和签订程序等进行审查。

劳动保障行政部门经审查对工资协议无异议，应及时向协商双方送达《工资协议审查意见书》，工资协议即行生效。

劳动保障行政部门对工资协议有修改意见，应将修改意见在《工资协议审查意见书》中通知协商双方。双方应就修改意见及时协商，修改工资协议，并重新报送劳动保障行政部门。

工资协议向劳动保障行政部门报送经过15日后，协议双方未收到劳动保障行政部门的《工资协议审查意见书》，视为已经劳动保障行政部门同意，该工资协议即行生效。

第二十三条 协商双方应于5日内将已经生效的工资协议以适当形式向本方全体人员公布。

第二十四条 工资集体协商一般情况下一年进行一次。职工和企业双方均可在原工资协议期满前60日内，向对方书面提出协商意向书，进行下一轮的工资集体协商，做好新旧工资协议的相互衔接。

第六章 附 则

第二十五条 本办法对工资集体协商和工资协议的有关内容未做规定的，按《集体合同规定》的有关规定执行。

第二十六条 本办法自发布之日起施行。

外商投资企业工资集体协商的几点意见

（劳办发〔1997〕第19号）

为了规范外商投资企业的工资集体协商工作，保障外商投资企业及其职工的合法权益，根据《劳动法》及国家有关规定，现对外商投资企业开展工资集体协商提出如下意见：

一、外商投资企业工资集体协商是指外商投资企业工会或职工代表与相应的企业代表，依照国家法律、法规，就企业内部工资分配制度、工资分配形式、工资收入水平及其增长幅度和职工保险福利等问题进行协商并签订集体合同的行为，是企业集体合同制度的重要组成部分。

二、本意见适用于在中国境内已开展工资集体协商的外商投资企业及其职工。

三、外商投资企业开展工资集体协商应具备以下前提条件：

1. 企业工会或半数以上职工提出开展工资集体协商的要求；

2. 企业已正式投产（开业）；

3. 企业具备开展工资集体协商所需的基本数据和资料。

四、外商投资企业开展工资集体协商应按照国家关于企业集体协商、签订集体合同的有关规定进行，并遵循以下原则：

1. 企业内部工资收入分配应遵循“按劳分配”和“同工同酬”的原则；

2. 职工实际工资水平应在本地区和本企业经济发展的基础上适度增长；

3. 在工资集体协商过程中兼顾企业和职工双方的利益；

4. 在双方协商期间，任何一方不得采取过激行为。

五、工资集体协商双方主体资格、协商程序、合同的签订以及报送等按《劳动法》、《集体合同规定》等国家有关规定执行。

六、外商投资企业开展工资集体协商时，应着重协商企业职工工资水平的确定和调整；企业内部工资分配制度和工资分配形式；职工奖励办法；加班、加点工资；职工年休假工资；职工保险福利待遇，以及其他由企业职工提出要求协商的与工资有关的问题。

七、外商投资企业开展工资集体协商应参照下列各项指标：

1. 地区、行业、企业的人工成本；

2. 地区、行业职工平均工资水平；

3. 政府发布的工资指导线；

4. 地区城镇居民消费价格指数；

5. 企业职工工资总额和职工平均工资；

6. 企业实现利税；

7. 企业净产值劳动生产率；

8. 国有资产保值增值率；

9. 企业工资利税率；

10. 企业资本收益率。

在协商时，企业协商双方应在不泄露国家机密和商业秘密的前提下，向对方提供有关的情况或资料。

八、集体合同按国家有关法律、法规的规定审核生效后具有法律效力，双方必须依法履行；在合同有效期内，任何一方违反合同，必须按照国家有关法律、法规的规定承担违约责任。

九、各地劳动行政部门应适时发布本地区及不同行业工资方面的参考资料和情况，并在外商投资企业集体合同实施后定期进行监督检查，发现问题，及时协调处理。

十、本意见亦适用于中外股份有限公司及其职工。

十一、各地劳动行政部门可根据本意见，结合本地实际情况制定实施办法，并报劳动部备案。

关于进一步推进工资集体协商工作的通知

（劳社部发〔2005〕5号）

各省、自治区、直辖市劳动和社会保障厅（局）、总工会、企业联合会/企业家协会：

《工资集体协商试行办法》发布后，各地区积极推进工资集体协商工作，目前，全国已有近30万户企业经过工资集体协商，签订了工资专项集体合同，取得了积极成效。为进一步建立适应社会主义市场经济要求的企业工资决定机制，保障劳动关系双方的合法权益，促进企业改革发展稳定，现就进一步推进工资集体协商工作通知如下：

一、提高思想认识，把进一步推进工资集体协商作为当前一项重要任务

推行工资集体协商制度，建立适应社会主义市场经济要求的企业工资决定机制，是贯彻落实党的十六大和十六届三中、四中全会精神，实践“三个代表”重要思想，树立和落实科学发展观的具体体现；是建立稳定和谐的新型劳动关系，构建社会主义和谐社会的重要内容；是建立“市场机制调节、企业自主分配、职工民主参与、国家监控指导”的企业工资分配新机制的关键环节；是建立现代企业制度、理顺企业分配关系的内在要求；是完善平等协商集体合同制度，增强其针对性和实效性的重要途径。加强这项工作，对于维护企业和职工双方的合法权益，促进劳动关系和谐稳定，调动广大职工和企业经营管理者的积极性、创造性，促进企业生产发展和经济效益的提高，实现经济和社会协调发展，都具有十分重要的意义。随着社会主义市场经济的发展，企业分配制度改革步伐加快，企业分配自主权逐步落实，进一步推进工资集体协商工作更为重要和紧迫。各级劳动保障部门、工会和企业联合会/企业家协会，要充分认识新形势下进一步推进工资集体协商工作的重要性和必要性，增强工作的紧迫感和责任感，高度重视并采取切实有效措施，推动工资集体协商工作深入开展。

二、加强组织领导，制定切实可行的工作规划

各省、自治区、直辖市劳动保障部门、工会和企业联合会/企业家协会，要把推进工资集体协商工作摆上重要日程，加强组织领导，从各地实际出发，对本地区推进工资集体协商工作作出具体部署和安排，制定切实可行的工作规划和目标措施，有计划、有步骤地加以推进。

当前，推进工资集体协商工作的重点是在非公有制企业、改制的国有控股企业和集体企业。各地区要积极稳妥推进工作的开展，市场经济比较完善的地区推进的速度可以快一些，尚未开展这项工作的地区，要本着先行试点、以点带面、先易后难的原则，尽快选择生产经营比较正常、管理基础比较扎实、工会工作开展比较好的企业先行试点，在总结试点经验的基础上逐步推开。已经开展这项工作的地区要在总结经验、扩大范围的基础上，不断健全机制、充实内容、完善制度、规范运作，提高工资集体协商的水平，在增强实效性上下功夫，推进这项工作向纵深发展。要重视培育工资集体协商机制，逐步建立企业正常的工资调整制度，并使之制度化、规范化。

各地区要在小型企业比较集中或同行业企业相对集中的区域，积极推行区域性行业性工资集体协商，签订区域性或行业性工资集体协议，并由所涵盖企业法定代表人或其委托代理人签字认可。依法签订的区域性行业性工资集体协议，对所辖企业和全体职工具有约束力。企业一级集体合同中工资报酬等标准不得低于区域性行业性工资集体协议的规定。

三、突出重点，妥善处理各方利益分配关系

开展工资集体协商，要突出重点。各地区要根据地区和企业的不同情况，把职工最关心、最现实、最直接的利益问题作为重点，切实解决企业工资分配中的突出问题。工资集体协商的内容可以是全面的，也可以有所侧重。生产经营正常和效益较好的企业，应重点就工资水平、奖金分配、补贴和福利等进行协商，建立正常的工资增长和调整机制，使广大职工共享企业改革发展的成果。生产经营比较困难的企业，可重点就工资支付办法、离岗职工生活费等进行协商，重在建立工资支付保障机制。在企业改制过程中，要重视从理顺内部分配关系入手，协商确定企业工资分配制度和办法。当前，要通过工资集体协商，着力解决部分企业存在的拖欠、克扣职工工资问题，确保职工工资按时足额发放。

推行工资集体协商，必须妥善处理好各方利益分配关系；依法保障职工的劳动报酬权益，努力实现互利共赢。要正确处理出资人、经营者与职工之间的关系，企业科技管理人员与一般职工之间的关系，不同层次、不同岗位工种职工之间的关系，持股职工与未持股职工之间的关系，按劳分配与按其他生产要素分配之间的关系，工资分配与企业经济性裁员、再就业安置、保险福利之间的关系，等等，努力做到统筹兼顾、科学合理、公平公正。实行岗位工资制度的企业，要把确定和调整岗位工资标准作为协商重点；实行计件工资制的企业，要通过协商合理确定工人的劳动定额和计件单价；实行股份制的企业，要正确处理工资分配、股息红利与劳动分红之间的比例关系，防止利润侵蚀工资或工资分配侵蚀利润；实行经营者年薪制的企业，要根据企业实际情况合理确定企业经营者与职工的工资分配关系，既要充分体现对经营管理者劳动的肯定和激励作用，又要切实保证职工工资收入随经济效益的提高逐步增加。

四、三方密切配合，加强指导和服务

推行工资集体协商工作涉及面广、政策性强。各级劳动保障部门、工会和企业联合会/企业家协会要密切配合，通力协作，积极稳妥地推进这项工作。要深入进行调查研究，总结典型经验，及时发现和解决存在的问题，制定和采取有效措施，推动工资集体协商工作深入健康发展。

当前，政府劳动保障部门要完善有关法律法规，加强对职工平均工资、企业人工成本、消费价格指数等指标的研究分析，定期发布劳动力市场工资指导价位、工资指导线等相关信息数据，适时调整最低工资标准，为企业开展工资集体协商提供依据。

各级工会要进一步加强基层工会组织建设，尤其要加强非国有企业工会的组建工作，提高工会组建率。充分发挥基层工会的作用，及时了解和掌握职工对工资分配方面的意见和建议，加强有关工资分配理论和政策研究，增强工会干部参与工资集体协商的能力，提高职工群众的参与程度，加强对工资集体协议履行情况的监督，依法维护职工参与工资分配和获得劳动报酬的权益。各级工会要积极倡导职工诚实守信，增强职工的信用意识，提高职工的职业道德。

各级企业联合会/企业家协会要进一步推动基层企业联合会组织建设，提高基层组织组建率。要指导企业经营管理者加强对国家有关法律法规和政策的学习，依法履行企业的社会责任。要加强对企业履行工资集体协议情况的监督，促进企业诚信制度建设，促使企业依法经营，诚实守信。

各地区要充分发挥协调劳动关系三方机制的作用，加强对工资集体协商代表及相关人员的培训，使他们掌握相关的法规政策、经济管理、企业财务知识和工资协商技能等，提高他们自身的道德素质和业务水平。要积极探索建立工资集体协商专业指导队伍，可聘任掌握法律知识和政策，熟悉企业劳动工资和财务管理，有一定协商谈判能力和技巧的专业人士担任指导员，具体指导或参与企业工资集体协商。

要把推行工资集体协商作为依法治企的一项重要内容，加强指导、服务和监督。对无正当理由拒绝工资集体协商或违反工资集体协议的企业，要按照有关法律、法规的规定处理。要加强对职工协商代表的保护，在他们受到不公正待遇或打击报复时，要坚决依法予以纠正和处理。对因工资集体协商发生的争议，要及时引导双方通过法律途径协调处理。要加强对推行工资集体协商工作的宣传，提高企业经营管理者、广大职工和社会各界的认知度和认同感，为这项工作的开展创造良好的社会环境。

关于开展区域性行业性集体协商工作的意见

（劳社部发〔2006〕32号）

各省、自治区、直辖市劳动和社会保障厅（局）、总工会、企业联合会/企业家协会：

为进一步开展区域性行业性集体协商工作，充分发挥集体合同制度在协调劳动关系中的作用，促进劳动关系和谐稳定，现提出以下意见：

一、开展区域性行业性集体协商的重要意义

随着社会主义市场经济的发展，我国非公有制企业迅速增多，这些企业大多规模较小，职工流动性较大，工会力量薄弱，职工合法权益受侵害的现象时有发生，劳动关系矛盾相对突出。一些地方的实践经验证明，在非公有制小企业或同行业企业比较集中的地区开展区域性行业性集体协商签订集体合同工作，对维护职工和企业双方的合法权益，构建和谐稳定的劳动关系，营造有利于企业持续健康发展的良好环境，促进区域和行业经济的协调发展，维护社会稳定，将发挥重要的作用。

二、区域性行业性集体协商的范围

区域性行业性集体协商是指区域内的工会组织或行业工会组织与企业代表或企业代表组织，就劳动报酬、工作时间、休息休假、劳动安全卫生、保险福利等事项，开展集体协商签订集体合同的行为。

区域性行业性集体协商一般在小型企业或同行业企业比较集中的乡镇、街道、社区和工业园区（经济技术开发区、高新技术产业园区）开展。在行业特点明显的区域要重点推行行业性集体协商和集体合同工作，具备条件的地区可以根据实际情况在县（区）一级开展行业性集体协商签订集体合同。

三、区域性行业性集体协商代表的产生方式

区域性行业性集体协商代表应按照规范程序产生。职工一方的协商代表由区域内的工会组织或行业工会组织选派，首席代表由工会主席担任。企业一方的协商代表由区域内的企业联合会/企业家协会或其他企业组织、行业协会选派，也可以由上级企业联合会/企业家协会组织区域内的企业主经民主推选或授权委托等方式产生，首席代表由企业方代表民主推选产生。

集体协商双方的代表人数应当对等，一般每方3～10人。双方首席代表可以书面委托专家、学者、律师等专业人员作为本方的协商代表，但委托人数不得超过本方代表的三分之一。

四、区域性行业性集体协商的内容

开展区域性行业性集体协商工作，要从本区域、本行业劳动关系的特点和企业实际出发，紧紧围绕劳动报酬、劳动定额、工作时间、休息休假、劳动安全卫生、保险福利、女职工和未成年工特殊劳动保护等问题进行。通过协商签订的区域性行业性集体合同可以是综合性的，也可以是专项的。在协商过程中要力求重点突出，议题集中，措施可行。签订集体合同的条款要具体，标准要量化，切实增强针对性和实效性。

当前，要将职工工资水平、工作时间以及与此直接相关的劳动定额、计件单价等劳动标准作为区域性行业性集体协商的重点，通过集体协商妥善处理各方的利益分配关系，推动企业建立正常的工资决定机制。

五、区域性行业性集体协商的程序

开展区域性行业性集体协商要严格履行程序，协商过程要充分表达职工群众和企业方的意愿和要求，协商内容要得到双方的一致认可。一般应按照以下程序进行：

（一）一方协商代表应以书面形式向另一方提出协商要求，另一方应以书面形式回应。

（二）双方协商代表在分别广泛征求职工和企业方的意见基础上，拟定集体协商议题。

（三）召开集体协商会议，在协商一致的基础上形成集体合同草案。

（四）集体合同草案要经区域职工代表大会或区域内企业的职工代表大会或职工大会审议通过，并经区域内企业主签字（或盖公章）确认后，由集体协商双方首席代表签字。

（五）企业方协商代表将集体合同报送当地劳动保障行政部门审核备案。

（六）劳动保障行政部门在收到文本之日起 15 日内未提出异议的，集体合同即行生效。

（七）区域性行业性集体合同生效后，由企业方代表采取适当方式及时向全体职工公布。

企业方代表向劳动保障行政部门报送集体合同时，除报送《劳动部关于加强集体合同审核管理工作的通知》（劳部发〔1996〕360号）规定的材料外，还须报送企业主对集体合同的签字确认件以及职工代表大会或职工大会审议通过的文件。

六、区域性行业性集体合同的效力和争议处理

按照规定签订的区域性行业性集体合同，对辖区内签约的所有企业和职工具有约束力。企业签订的集体合同，其标准不得低于区域性行业性集体合同的规定。

对在区域性行业性集体协商过程中发生的争议，双方当事人不能协商解决的，当事人一方或双方可以书面向辖区内的劳动保障行政部门提出协调处理申请；未提出申请的，劳动保障行政部门认为必要时也可以进行协调处理。劳动保障行政部门应当组织同级工会和企业代表组织等三方面的人员，共同协调处理集体协商争议。

对在区域性行业性集体合同履行过程中发生的争议，按照《劳动法》和《集体合同规定》的有关规定协调和处理。

七、区域性行业性集体协商工作的组织实施

各级劳动保障部门、工会组织和企业联合会/企业家协会要从构建社会主义和谐社会的高度，充分认识开展区域性行业性集体协商工作的重要性和必要性，在当地党委和政府的领导下，将其纳入经济社会发展整体规划，加强协调配合，创新工作思路，加大工作力度，采取有效措施积极推动这项工作规范有序开展。各级劳动保障部门要认真研究完善区域性行业性集体协商的有关政策，改进和加强集体合同审核备案工作，会同同级工会和企业代表组织及时妥善处理区域性行业性集体协商争议和履行合同争议。各级工会组织要加强县以下区域和行业工会的组织建设，指导区域和行业工会积极开展集体协商要约行动；要大力培训工会干部和职工代表，提高他们的协商能力和水平。各级企业联合会/企业家协会要建立健全组织，将协调劳动关系工作向乡镇、街道、社区延伸，培育企业方协商主体；要教育和引导企业经营管理者加强相关法律法规和政策的学习，履行好企业的社会责任，重视和支持集体协商工作，认真履行集体合同。各级三方要加强沟通、协调和信息交流，认真总结推广典型经验，注意研究解决签订和履行集体合同工作中的各种问题，及时将开展区域性行业性集体协商集体合同工作中遇到的新情况新问题上报国家协调劳动关系三方会议办公室。

工会参加工资集体协商的指导意见

（总工办发〔1998〕13号）

为了适应社会主义市场经济条件下工资决定机制的转变，建立企业内部分配正常增长与制约机制，促进企业劳动关系的协调与稳定，根据《中华人民共和国劳动法》、《工会法》及国家有关工资政策、法规，现对工会代表职工参加企业工资集体协商，签订集体合同工作提出如下意见。

一、工资集体协商，签订工资合同的定义

工资集体协商是指工会或经过民主选举产生的职工代表与企业代表就企业内部工资分配制度、分配方式、工资水平及其年度增长幅度、工资支付、奖金和津贴的分配和其他与履行合同有关的权利和义务等内容进行平等协商，签订书面合同的行为。是集体合同制度中的一个重要组成部分。工资协商的结果既可以作为双方签订的集体合同中的一项内容，又可以作为工资问题的专项合同。

二、工资集体协商的适用范围

工资集体协商适用于中国境内的各种类型企业。企业开展工资集体协商工作，需要具备以下条件：

1. 企业正式投产开业。

2. 企业具备开展工资集体协商所需数据、资料。

3. 有工会组织或半数以上职工提出开展工资集体协商的要求。

三、工资集体协商需要遵循的原则

1. 企业内部工资分配应遵循“按劳分配”和“按劳分配与按生产要素分配相结合”原则。

2. 坚持职工实际工资水平在本企业经济发展的基础上合理增长原则。

3. 坚持公开、公平、公正的原则。

四、工资集体协商的内容

企业工会应着重就以下问题与企业进行协商：

1. 企业工资分配制度和内部分配方式。

2. 职工工资收入水平和调整。

3. 职工工资发放时间和支付办法。

4. 本企业最低工资标准。

5. 奖金、津贴水平和分配办法。

6. 职工在特殊情况下，如加班加点期间、法定休假日、婚丧假期间以及依法参加社会活动期间和享受带薪年休假期间的工资标准。

7. 职工保险、福利方面的待遇标准。

8. 其他由企业职工提出要求协商的与工资有关的问题。

协商双方的权利、义务；违背合同的处理程序和具体办法；合同执行的监督检查；合同的适用期限等可作为协商的辅助内容加以规定。

五、工资集体协商时应考虑的影响因素

（一）外部因素

1. 国家、地区颁布的有关社会经济和收入分配方面的法律、政策及地方性法规；

2. 全国及地区城镇居民消费价格指数；

3. 劳动力市场供求状况；

4. 地区、行业职工平均工资水平；

5. 地方政府发布的工资增长指导线；

6. 国家利率、税率和汇率等的变动情况。

（二）企业内部因素

1. 劳动生产率；

2. 资产保值增值情况；

3. 人工成本水平；

4. 经济效益情况；

5. 企业资产负债表和损益表的变动情况；

6. 企业工资支付能力。

六、工会在工资集体协商中提出工资要求时应注意掌握以下几个比例关系

1. 职工工资总额的增长应与企业实现利税、上缴利税、销售收入或主营业务利润增长等经济效益指标增长相一致，二者之间的比例一般应掌握在0.3～0.7∶1左右为宜。

2. 职工平均工资的增长应与企业劳动生产率的增长相适应，一般二者的比例关系不能高于1∶1。

3. 企业工资利税率的水平应与职工工资增长同比例，后者不能高于前者。

4. 企业人工成本水平（总成本中的人工成本含量、人工成本中的工资成本含量）应在劳动部门发布的同行业人工成本水平的预警线以下。若超出预警线，除特殊情况外，一般不应提出工资增长的要求。

5. 居民消费价格指数是职工工资增长的重要参考因素。除特殊情况外，应在企业经济效益逐步提高的基础上，使职工实际工资水平每年有所提高。

七、工资集体协商的程序

工资集体协商的程序应按签订集体合同的一般程序进行，但应注意做好以下几个阶段的工作。

（一）协商前的准备

1. 工会通过工会小组会、不同人员座谈会等形式，广泛了解不同职务、岗位、工种职工基本工资愿望，在此基础上，整理出基本工资要求清单，以此来确定工会基本协商立场和协商重点。

2. 工会要了解掌握国家、地区、企业等各方面有关劳动、统计、财务部门提供的资料，分析国家宏观经济形势及微观企业的经济效益状况和承受能力，拟定工会工资集体合同草案。

3. 协商双方有向对方及时提供有关的信息、资料和数据的义务，同时也有为对方所提供信息、数据保密的义务。

4. 协商前，双方可就协商中将要涉及的重点问题进行先期交流，以便沟通思想、了解要求、联络感情，为下一步正式进入协商做好准备工作。

（二）进入集体协商

1. 协商会议执行主席一般由双方的首席代表轮流担任。

2. 协商中应本着完全平等、协商一致的原则。采取良好的合作态度，互相尊重，充分发表意见。

3. 双方应本着先易后难、求同存异的原则展开协商。双方在出现较大的意见分歧或遇到事先未预料的问题时，可以暂时中止协商。具体中止期限和下次开始协商的时间、地点、内容等由双方共同商定，但中止期限最长不宜超过六十天。

4. 协商意见达成一致的可以签订工资集体合同草案，达不成一致意见的重大事项可请当地劳动部门和上级工会、上级主管部门或企业党委进行协调。

（三）工资专项集体合同的生效及续定

工资集体合同的有效期最短为一年。凡有效期超过一年的，第 2 年开始双方应就调整工资问题进行协商，或重新修订工资标准。也可以在签订的工资合同中事先规定每年的增资比例。一般工资集体协商应在每年的 3 月底前进行。合同签订后，遇有不可抗力或企业经营环境发生重大变化，双方可协商修改合同（每年不能超过一次）。

工资集体合同的履行、变更、终止、监督检查、争议处理和法律责任应依照国家和地方政府的有关规定和集体合同的有关条款规定执行。

八、各种不同类型企业的协商重点

（一）不同所有制企业

1. 在公有制企业中，工会应加大参与企业的成本核算、利润分配、收益分配及重大生产经营决策的力度。在工资协商中，应注重控制人工成本，确保国有资产的保值增值，从而使职工工资收入水平在“两低于”原则下合理增长。同时要处理好签订工资集体合同与职代会的关系，从程序和内容上注意与职代会职权相衔接，在合同的起草、审议、实施、监督过程中，充分发挥职代会的作用。

2. 在股份制或股份合作制企业中，工会提出工资要求，要注意处理好职工工资分配与股息分红的关系，以使职工付出的劳动得到相应合理的报酬。

3. 在非公有制企业中，如外商投资企业、私营企业等，应根据社会劳动力供求状况、本企业的经济效益、劳动生产率水平，并参照当地政府发布的工资增长指导线，签订高于当地同行业职工平均工资水平的工资合同。

（二）不同经营状况企业

工会应根据企业的实际情况，提出适合本企业特点的工资要求。企业生产经营正常稳定，效益较好的，工资协商条款应尽量细化量化；生产经营不太正常，经济效益波动较大的企业，工会在工资协商时应提出相对灵活的比例要求，如注意把握工资要求与企业经济性裁员之间的关系，增资与劳动强度（劳动定额）之间的关系，工资与工时之间的关系等。企业最低工资标准等条款应做到具体量化，以保障职工的基本劳动报酬。生产经营很不正常、半停产的企业，工会应着重就最低工资标准和下岗职工基本生活保障提出要求，或签订在企业生产经营状况正常后，兑现或弥补职工收入的合同。

九、上级工会的职责

1. 上级工会对企业工会参加工资集体协商，签订工资集体合同的工作负有帮助、指导和监督检查的责任。

2. 上级工会应积极参与当地工资指导线的制定工作。并及时与政府有关部门联系，将地方有关的经济、物价、劳动力供求、收入分配等政策、信息和资料提供给企业工会。

3. 在企业工资集体协商出现重大意见分歧时，上级工会应帮助协调，并参与处理有关争议。

4. 上级工会对企业工会协商代表负有教育、培训的职责，必要时提供相应的保护措施。

5. 对尚未建立工会的企业，上级工会在帮助组织职工依法组建工会的同时，应帮助、指导职工与企业进行工资集体协商，签订工资合同的工作。

关于建立集体协商指导员队伍的意见

（总工发〔2008〕33号）

为了更好地开展集体协商工作，推动维权机制建设，促进劳动关系和谐发展，现就建立集体协商指导员队伍提出如下意见。

一、建立集体协商指导员队伍的重要意义。集体协商指导员是由工会组织领导、聘用和管理，负责指导、帮助和参与基层工会代表职工与企业方或企业代表组织进行集体协商、签订集体合同或工资等专项集体合同的人员。

加强集体协商指导员队伍建设，是工会贯彻落实科学发展观，组织广大职工共建和谐社会，共享改革发展成果的重要举措；是工会加强维权机制建设，推动企业建立以工资集体协商为重点的集体协商制度的客观需要；有利于工会更好地表达职工的利益诉求，依法维护职工合法权益，促进企业建立规范有序、公正合理、互利共赢、和谐稳定的劳动关系。建立集体协商指导员队伍，对于提高工会集体协商能力，切实提高集体协商水平和集体合同质量都具有重要意义。

二、集体协商指导员的职责任务和聘用条件。集体协商指导员要帮助和指导基层工会依法开展集体协商工作，其主要职责是：

1. 接受基层工会的请求，受上级工会委托，指导和帮助基层工会同企业方进行集体协商；受地方工会的委派，作为职工方的协商代表，直接参与基层工会同企业方进行集体协商。具体承担：指导和帮助基层工会搜集职工意见、提出协商要约、拟定协商方案、研究协商策略、确定协商内容、起草集体合同或工资协议等专项集体合同草案等，并负责收集和整理与工会集体协商相关的企业经营生产情况、资料、数据和信息。

2. 围绕推动企业建立工资协商共决机制，重点指导和帮助基层工会开展工资集体协商、签订工资专项集体合同，促进建立企业职工工资正常增长机制和支付保障机制。

3. 为基层工会开展集体协商提供咨询服务。宣传国家和地方劳动法律法规、政策和集体协商相关专业知识，并在同级工会的领导下，对集体协商实践经验进行总结和研究。

4. 组织对企业职工方集体协商代表进行培训，提高其协商能力。

集体协商指导员应从社会各界从事劳动关系领域工作的专家、学者、律师、教师、社会工作者、企业管理工作者等方面人士中聘用。其受聘人的基本条件是：

1. 认真贯彻党的路线方针政策，热心群众工作，乐于为职工群众说话办事。

2. 熟悉国家和地方劳动法律法规、政策，熟悉企业人力资源管理、劳动工资和社会保障、劳动安全卫生等方面的专业知识。

3. 熟悉工会工作，具有一定的集体谈判知识和实践经验，有较强的组织协调能力、语言表达能力和辨析能力。

4. 具有较强的社会责任感，工作认真，作风严谨，办事公道，敢于维护职工合法权益，善于表达职工利益诉求。

三、加强集体协商指导员队伍管理制度建设。建立管理制度、完善工作机制，对集体协商指导员队伍实施有效管理，是加强集体协商指导员队伍建设，充分发挥其作用的基础性工作。当前，应建立健全以下制度：

1. 聘任制度。集体协商指导员实行聘任制，由同级工会组织聘用，聘任期由双方协商确定，并登记备案。

2. 培训制度。同级工会要定期组织集体协商指导员培训、考察、研讨、交流活动，提高集体协商指导员的协商能力。

3. 考核制度。定期对集体协商指导员进行工作考核和业绩评估，并根据业绩考核情况进行续聘、解聘或调整工作。

4. 奖励制度。对集体协商指导员实行奖励制度。对参与企业集体协商的集体协商指导员要给予一定的报酬，对工作业绩突出的要进行表彰奖励。奖励和报酬标准由各地工会参照当地有关规定确定，所需费用应在工会经费中列支。

要加强对集体协商指导员的档案管理，建立动态管理和交流平台，保存业绩考核记录和相关的信息资料，促进集体协商指导员队伍建设的规范化、制度化。

四、努力为集体协商指导员队伍发挥作用创造条件。各地工会在开展集体协商工作中，要积极创造条件，逐步建立起集体协商指导员队伍。有条件的产业（行业）工会，也可根据需要建立产业（行业）工会的集体协商指导员队伍。

1. 加强对集体协商指导员队伍的组织领导。有条件的地方可以建立省、市、县的指导机构，在乡镇、街道、行业可以建立指导站，实行分级管理；配备或聘用专（兼）职工作人员，设立专项经费，纳入本级工会的经费预算，用于集体协商指导员的各项活动、奖励和劳动报酬，实行专款专用、专项管理。

2. 努力形成有利于集体协商指导员队伍发挥作用的良好社会环境。积极争取党政领导、人大、政协以及社会各界的关心和支持，整合社会力量，拓宽指导员队伍的人才资源。加强宣传，努力营造良好的社会氛围。

3. 以改革创新的精神推动集体协商指导员工作。加强集体协商指导员队伍建设，需要各级工会组织和广大工会干部从实际出发，积极探索，大胆实践，勇于创新。要坚持边建立、边工作，逐步规范，不断总结、提高，及时研究解决集体协商指导员工作中的困难和问题，不断增强集体协商指导员工作的实效性，充分发挥其在发展和谐劳动关系、推动构建和谐社会中的积极作用。

中华全国总工会关于开展集体协商要约行动的意见

（总工发〔2008〕34号）

为了全面推动企业建立集体协商制度，进一步健全完善劳动关系协调机制，根据《工会法》、《劳动法》、《劳动合同法》、《集体合同规定》等法律法规的规定，现就推动企业工会开展集体协商要约行动提出如下意见。

一、充分认识开展集体协商要约行动的重要意义

1. 集体协商要约行动，是集体协商主体的任何一方依法就签订集体合同或专项集体合同、协调劳动关系其他相关事宜，以书面形式向对方提出进行集体协商要求的行为。要把开展集体协商要约行动作为表达职工利益诉求的法律手段，依法主动向企业方提出协商要约，通过平等协商和集体合同制度，协调劳动关系，维护企业职工合法权益，有效激发企业劳动关系双方自主协商的内在动力，促进了企业集体协商机制的建立完善。

2. 各级工会组织要站在促进科学发展、构建和谐社会的高度，充分认识工会开展集体协商要约行动是坚持走中国特色社会主义工会发展道路，建立和发展新型劳动关系的实际举措；是履行法律赋予工会组织重要权利，落实以职工为本、主动依法科学维权观的现实要求；是推动完善集体协商制度，提高协商要约影响力和约束力的关键环节，从而以更加有力的措施，推进集体协商要约行动深入持久开展。

二、有效组织集体协商要约行动的实施

3. 开展集体协商要约行动，要以建立和发展新型劳动关系为目标，以建立规范有序的制度机制为保证，以提高工会干部和职工代表协商素质为基础，积极探索开展集体协商要约行动的方法和途径，促进平等协商和集体合同工作健康有序发展。

4. 开展集体协商要约行动遵循的主要原则是：坚持依靠党的领导，与政府有关部门密切配合，借助社会力量合力推进；坚持遵守法律、法规和国家有关规定，加强集体协商要约行动规范化建设；坚持互相尊重、诚实守信、公平合作、兼顾双方合法权益；坚持从实际出发，分类指导，因地因企制宜，突出重点，着力破解劳动关系中的突出矛盾和问题，提高实效；坚持工会主动要约，积极作为，不断提高协商质量水平。

5. 应围绕劳动报酬、工作时间、休息休假、保险福利、劳动安全卫生、女职工特殊权益保护和职工培训等涉及劳动关系方面的主要问题，确定集体协商要约行动的内容。可由企业工会向企业方提出集体协商要求，签订集体合同；也可就某一方面的突出问题向企业方提出专题协商要求，签订专项集体合同。

6. 当前，开展集体协商要约行动应随着企业经济效益和劳动生产率的提高，城镇居民消费价格指数的增长，把重点放在支持基层工会开展工资集体协商要约行动上。围绕企业的工资分配制度、分配形式、支付办法、工资水平，工资标准及其调整办法等事项，由工会主动向企业方提出工资协商要约，进行工资专项集体协商和签订工资协议，推动企业建立工资集体协商制度、工资正常增长机制和支付保障机制。

7. 根据实际情况，各地工会每年可确定 1～2 个协商主题，有重点、有目标开展集体协商要约行动，集中力量，上下联动，突破难点。对于集体合同履行中出现的问题，也可通过集体协商要约行动予以解决。

8. 开展集体协商要约行动，应立足当前，着眼长远，提高集体合同建制率，扩大覆盖面。当前工会开展集体协商要约行动重点在以下企业进行。

①没有开展集体协商和签订集体合同的；

②集体合同已经到期需要续签或重新签订的；

③没有开展工资集体协商并签订工资协议的；

④企业职工工资长期不增长、低增长，或 50% 职工工资低于当地职工平均工资 50% 的；

⑤实行年薪制的国有和国有控股、集体企业。

9. 企业工会组织应主动向企业提出协商要约，启动协商程序，积极促进与企业开展集体协商和签订集体合同。企业工会提出协商要约有困难的，其上一级工会可依法代替基层工会向企业提出协商要约。小企业相对集中和行业集聚地区，县级以下区域工会或产业工会组织可以向相应一级的企业代表组织提出协商要约，通过集体协商和签订区域性行业性集体合同覆盖各类小企业。根据需要，区域工会或产业工会组织也可对本区域、本产业内所属企业直接发出协商要约，同企业方开展集体协商和签订集体合同。

10. 坚持集中要约与动态要约相结合，单个要约与区域性行业性要约相衔接，与政府相关部门密切配合，推动形成“工会主动要约—提出整改建议—责令改正—执法追究”的工作链。工会提出协商要约后，企业方不按期回应或拒绝进行集体协商的，上级工会应依法下达“整改建议书”，提出整改建议；对逾期不改的企业，工会可提请劳动保障部门责令其改正，直至追究其行政或法律责任。

11. 认真做好集体协商要约行动各个环节的工作，规范程序，务求实效。在启动集体协商要约行动前，应做好调查研究工作，广泛征求职工对协商事项的意见，掌握本地区、本行业和企业开展集体协商和签订集体合同工作的基本情况；明确不同时期、不同地区和不同行业开展协商要约行动的范围，实施要约行动的重点单位和目标；确定要约行动需要解决的主要问题，增强要约行动的针对性和实效性。在实施集体协商要约行动中，应根据确定的协商内容和协商程序，在法律法规和政策框架内，敢于和善于有理、有力、有节地与企业进行平等协商，充分表达和维护职工合法权益。在开展集体协商要约行动后，应及时向职工公布协商情况，依据平等协商和集体合同规定的内容，按照实事求是、突出重点，量化标准、细化程序，根据实际需要确定集体合同形式的要求，签订好集体合同和专项集体合同。

三、切实加强对集体协商要约行动的领导

12. 各级工会组织应把开展集体协商要约行动作为全面推进集体合同制度的重要举措，通过多种渠道，采取多种方式，积极争取各级党委和行政的支持与配合，形成合力，共同推进集体协商要约行动开展。要制定目标规划，认真部署安排，有组织、有步骤加以推进。上级工会应加强对基层工会的指导服务，帮助基层工会依法开展集体协商要约行动，主动行使要约权。通过“协商要约行动月活动”等载体和形式，加大宣传力度，搭建工作平台，建立联动机制，营造良好的社会氛围。

13. 依托劳动关系三方协调机制，整合三方优势，加大推进集体协商要约行动力度。通过三方联合发文，召开会议，部署工作；联合开展要约行动，调查研究，组织培训；联合进行监督检查，积极协助配合劳动保障部门进行劳动执法督查。及时获取劳动保障部门定期发布的工资指导线、劳动力市场工资指导价位、职工年度平均工资水平、当地最低工资标准和最低小时工资标准等相关信息数据，为开展集体协商要约行动提供参考依据。加强同各地企业联合会、企业家协会、工商联以及其他企业代表组织的沟通和协调，争取有力支持，引导和提高企业经营管理者对集体合同工作的认识，通过开展集体协商要约行动和签订集体合同，建立和谐稳定的劳动关系。

14. 加快建立和完善劳动争议调解和仲裁机制，妥善处理在集体协商、签订和履行集体合同中的劳动争议，及时化解矛盾，推动集体协商和集体合同工作规范有序进行。

15. 加强对工会干部和职工协商代表的培训工作，使工会干部和协商代表熟知劳动保障方面的法律、法规和政策，掌握集体协商的技能、技巧和策略，提高协商能力，为开展集体协商要约行动提供有力保证。认真落实《中华全国总工会关于建立集体协商指导员队伍的意见》（总工发〔2008〕33 号）的有关要求，着力加强集体协商指导员队伍建设，充分发挥他们在提出协商要约、开展集体协商要约行动和签订集体合同工作中的重要作用。

关于积极开展行业性工资集体协商工作的指导意见

为推动行业工资集体协商工作，加强维权机制建设，推动建立和谐稳定的劳动关系，现就工会进一步开展行业性工资集体协商工作提出如下意见。

一、充分认识开展行业性工资集体协商工作的重要意义

行业性工资集体协商，是指在同行业企业相对集中的区域，由行业工会组织代表职工与同级企业代表或企业代表组织，就行业内企业职工工资水平、劳动定额标准、最低工资标准等事项，开展集体协商、签订行业工资专项集体合同的行为。《中华人民共和国劳动合同法》对在县级以下区域推行区域性行业性集体协商，签订区域性行业性集体合同作出了规定，为开展区域性行业性工资集体协商提供了法律依据。

推进行业集体协商，建立行业性工资集体协商制度，是我国平等协商、集体合同制度的一种重要形式，适应了我国非公有制中小企业快速发展和劳动关系深刻变化的需要，是加快建立行业内劳动关系协调机制、实现工会主动依法科学维权的重要手段，也是扩大工资集体协商覆盖面、增强工资集体合同实效性的重要举措。开展行业性工资集体协商工作，有利于推动建立企业职工工资共决机制、正常增长机制和支付保障机制，构建职工对工资分配的民主参与和监督机制；有利于完善劳动用工管理，促进建立统一、规范、有序的劳动力市场，为企业持续健康发展创造良好环境，促进建立规范有序、公正合理、互利共赢、和谐稳定的社会主义新型劳动关系。各级工会要充分认识开展行业性工资集体协商工作的重要性和必要性，进一步增强推动建立行业性工资集体协商机制的责任感和自觉性，扩大工资集体协商覆盖面，增强实效性，使行业性工资集体协商在维护职工权益、促进劳动关系和谐方面发挥更大作用。

二、抓紧建立和完善行业性工资集体协商机制

开展行业性工资集体协商，要着眼于机制的建立和完善，根据行业和企业实际，从职工工资分配方面迫切需要解决的突出问题入手，先易后难，循序渐进，注重实效，逐步提高。

1. 把握协商范围。同一行业的企业，特别是同行业非公有制中小企业、劳动密集型企业相对集中的地区，是开展行业性工资集体协商工作的重点。行业性工资集体协商依法在县级以下区域内的乡镇、街道、社区和工业园区开展。有条件的地方也可以从实际出发，探索在县（区）及以上开展行业性工资集体协商工作。

2. 明确协商主体。开展行业性工资集体协商，可根据实际确定协商主体：由行业工会（或工会联合会，下同）与行业内企业代表组织进行协商；由行业工会与行业内企业方推荐产生的代表进行协商；由行业工会与行业所属各企业行政进行协商；未组建行业工会的，可由行业所在区域的工会代行行业工会的职能，与企业代表组织进行协商。

3. 选好协商代表。行业性工资集体协商代表要按照《集体合同规定》所规定的程序产生。职工方协商代表由行业工会选派，职工方首席协商代表一般由行业工会主席担任。未组建行业工会的，职工方协商代表由行业所在区域工会选派，职工方首席协商代表可由行业所在区域相应一级的工会主席担任，也可由上级工会选派或在上级工会指导下从本行业内企业工会主席中民主推举产生。

4. 突出协商重点。行业性工资集体协商的重点是：行业最低工资标准、工资调整幅度、劳动定额和工资支付办法等。当前，应重点围绕劳动定额、工时工价标准进行协商，逐步建立和完善劳动定额标准的协商共决机制。劳动定额和工时工价标准的确定，必须符合国家和地方有关法律法规的规定，以“在法定工作时间内、正常劳动条件下、90%以上职工能够完成”为原则，做到科学合理。随着先进技术的应用和劳动生产率的提高，双方应通过集体协商及时修订劳动定额和工时工价标准。行业内各企业工会，还可以根据本企业实际，通过平等协商，就劳动定额、工时工价标准或工资标准等相关问题与企业行政签订补充协议。

5. 规范协商程序。开展行业性工资集体协商，要严格履行协商程序，充分表达行业职工的意愿要求，协议内容应得到双方的一致认可。一般应按照以下程序进行：

（1）以书面形式向企业方提出协商要约或回复企业方提出的协商要约。

（2）做好协商前的各项准备工作，特别是熟悉掌握相关法律、法规、政策规定，收集了解相关资料、信息及企业和职工意见，确定行业性工资集体协商议题。

（3）进行行业性工资集体协商，在双方协商一致的基础上形成行业工资集体合同（草案）。

（4）建立了行业职工代表大会的地方，行业工资集体合同（草案）应该提交行业职工代表大会讨论通过。

在行业工资集体合同框架下，企业结合自身实际开展二次工资集体协商的，其确定的劳动报酬标准不应低于行业工资集体合同规定的标准，具体做法应参照《工资集体协商试行办法》等有关规定进行。

（5）行业工资集体合同签订后 10 日内，工会应当协助企业方将行业工资集体合同文本一式三份及说明，报送当地劳动行政部门审查。劳动行政部门审查同意后，行业工资集体合同即行生效。双方协商代表应将已经生效的行业工资集体合同以适当形式及时向行业内企业和全体职工公布。

（6）行业工资集体协商未达成一致意见或出现事先未预料的问题时，经双方同意中止协商的，工会应积极作好向职工说明情况和下次协商的相关准备工作。

行业性工资集体协商一般每年进行一次。工会可在原行业工资集体合同期满前 3 个月内，向企业方书面提出重新签订或续订的要求，并发出协商要约。

6. 及时调处争议。对在行业性工资集体协商过程中发生的争议，应当尽量协商解决。不能协商解决的，工会应当以书面形式，向辖区内劳动行政部门提出协调处理申请。在履行行业工资集体合同中发生争议且双方不能协商解决时，工会应及时向上级工会报告，并向当地劳动争议调解组织或劳动争议仲裁机构申请调处。对仲裁裁决不服时，工会可依法向人民法院提起诉讼。在劳动争议发生、调解、仲裁和依法裁决期间，工会应教育引导职工树立依法有序解决争议的意识，避免采取过激行为。

县级以上各级工会，要积极争取党委、政府和协调劳动关系三方的重视和支持。积极推动相关立法和政策的制定，争取人大、政协加强对行业工资集体合同履约情况执法检查和监督；着力推动各级政府主导工资集体协商工作，协助政府强化对企业工资分配的宏观调控，建立健全以最低工资制度、工资指导线制度、劳动力市场工资指导价位和人工成本信息发布制度为主要内容的工资调控体系；依托协调劳动关系三方，加强对行业工资集体合同履约情况的监督检查，及时总结经验，宣传行业性工资集体协商的积极作用，为开展行业性工资集体协商营造良好的舆论氛围和环境。

加强行业工会组织建设，为加强行业性工资集体协商工作提供组织保障。进一步健全和完善行业职代会制度，为推动行业性工资集体协商搭建民主管理平台；各级产业工会要加强对本产业、行业所属企业开展行业性工资集体协商工作的调查研究，在制定行业工资指导线、劳动力市场工资指导价位、劳动定额标准等方面加强指导服务。

各级工会领导机关要加强对行业性工资集体协商工作的总结和指导服务。注重发挥劳动工资问题专家学者的作用，为工会开展行业性工资集体协商提供专业技术支持；大力加强集体协商指导员队伍建设，充分发挥集体协商指导员在行业性工资集体协商工作中的作用；加强职工协商代表的培训，为推动建立行业性工资集体协商制度提供咨询服务。

各地工会还应从实际出发，参照本指导意见精神，推动建立区域性工资集体协商制度。

中华全国总工会

2009年7月9日

中华全国总工会关于推动世界500强在华企业建立工资集体协商制度的意见

总工发〔2011〕10号

为依法推动企业普遍开展工资集体协商，进一步提高工资集体协商覆盖率，增强实效性，根据《中华全国总工会2011—2013年深入推进工资集体协商工作规划》提出的目标任务和有关措施要求，现就推动世界500强在华企业建立工资集体协商制度提出如下意见。

一、把握总体要求

推动世界500强在华企业建立工资集体协商制度，既是依法推动企业普遍开展工资集体协商工作的重点也是难点，对于贯彻落实党中央有关重要指示精神、全总十五届五次执委会工作部署，有效化解劳动争议、构建和谐劳动关系具有重要意义。各级工会一定要增强机遇意识，统一思想认识，明确努力方向，切实增强工作责任感。

推动世界500强在华企业建立工资集体协商制度，要坚持“促进企业发展、维护职工权益”的企业工会工作原则，按照统一部署、全国联动，突出重点、带动全局，异地协同、分类指导，依法合规、积极稳妥，协商共决、重在建制的要求，发扬攻坚克难、务求实效的工作作风，采取有力措施，大胆创新实践，全面推动建立完善符合世界500强在华企业实际、有利于实现劳动关系和谐稳定的工资集体协商制度，为加快转变经济发展方式，推动科学发展、促进社会和谐做出应有贡献。

二、明确目标任务

针对世界500强在华企业普遍实行“总部经济”管理模式，其组织形式和法人治理结构多样化，具有跨地区、跨行业设立和经营等特点，推动世界500强在华企业建立工资集体协商制度，必须从实际出发，遵循其特点规律，在深入探索实践中，依计划、分阶段、有步骤加以推进。

推动世界500强在华企业建立工资集体协商制度目标任务是：凡是在我国境内投资的世界500强企业，都要依照我国有关法律法规建立工资集体协商制度。2011年世界500强在华企业建制率达到80%以上，2012年世界500强在华企业建制率达到90%以上。到2013年底实现世界500强在华企业全部建立工资集体协商制度的目标。

一是协商形式和类别因企而异。要建立总部工资集体协商制度，签订覆盖全部在华企业的总部工资集体合同。其下属各子公司结合实际，在总部工资集体合同基础上进行二次工资集体协商，签订本企业工资集体合同，标准不得低于总部工资集体合同确定的标准。工资集体合同文本报送当地劳动行政部门审查，并报企业所在地总工会备案。

二是明确协商主体和代表地位职责。要严格按照《劳动合同法》、《集体合同规定》所确定的程序产生协商代表。将企业工会和企业方代表作为法定的协商主体。如企业工会确有困难，可以委托企业所在区域的工会组织代理企业工会与企业方代表进行工资集体协商。

三是科学合理确定协商内容和方法。坚持公平与效率相统一、促进企业健康发展与保障职工合法权益相统一、企业自主分配与劳动关系双方集体协商共决相统一，科学确定工资水平，做到依法协商、平等协商，实现劳资两利。

四是有效处理协商和合同履行中产生的争议。要按照《劳动法》、《劳动合同法》、《工会法》和《集体合同规定》的相关规定妥善解决争议。协商过程中要考虑不同国家之间的文化差异，力求在根本利益一致的基础上做到求同存异、化解矛盾，避免发生过激行为。

三、加强组织领导

推动世界500强在华企业普遍建立工资集体协商制度，任务重、难度大、涉及面广。各级工会一定要把这项工作作为全面落实“两个普遍”的重点和突破口，高度重视，加强领导，加大工作力度，积极借鉴推动沃尔玛在华企业建立平等协商和集体合同制度的经验，切实抓紧抓好、抓出成效。

一是争取党政支持，形成工作合力。各级工会要在党委领导、政府支持下，整合内外资源，加大人力物力投入，积极与劳动行政、工商、税务和企业代表组织等部门和单位协调配合，主动与企业沟通联系。要注重研究解决在建制过程中遇到的困难和矛盾，对建制的重点、难点企业，要争取党政领导支持，工会主要领导亲自抓。要组织力量，加强对进展情况的督导检查，确保实现建制目标。各地工会要加强沟通协调，密切协同配合。按照全总要求，将推动世界500强在华企业普遍建立工资集体协商制度情况列为工资集体协商季报的重要内容。

二是按照属地原则，逐级分解任务。对世界500强在华企业总部和法人单位比较集中的地区，全总将重点进行督导。各省、自治区、直辖市总工会要加强对重点区域的指导帮助，并负责推动总部设在本地区的世界500强企业建立工资集体协商制度，开展总部工资集体协商，签订总部工资集体合同。世界500强在华企业下属法人企业所在地区的市、县、区总工会负责推动这部分企业建立工资集体协商制度。各级工会特别是重点地区工会要逐级分解任务，落实责任措施。在推进任务落实过程中，既要做好总部工作达到牵一发而动全身的效果，又要注重从其子公司打开缺口促进实现整体突破。

三是坚持多措并举，确保建制实效。要尽快掌握情况，做到对世界500强在华企业所在地点清、组织结构清、隶属关系清、建会情况清、开展集体协商现状清。要协助企业工会做好工资集体协商要约工作，视情况也可组织启动集中要约行动。要适时与企业总部和有关商会沟通，采取联合相关单位举办咨询会、答疑会等形式，消除企业疑惑，调动其积极性。要按照全总下发的《全国工会集体协商指导员培训实施计划(2011—2013年)》，分级做好培训世界500强在华企业工会主席工作。要及时总结推广典型经验，发挥示范导向作用。要做好舆论宣传工作，及时通报各地进展情况，督促落实目标任务。

中华全国总工会关于加强专职集体协商指导员队伍建设的意见

（总工发〔2012〕45号）

为进一步依法推动企业普遍开展工资集体协商，提升集体协商指导员的专业水平，努力造就一支高素质的专职集体协商指导员队伍，为开展集体协商工作提供有力的人才支撑，现就加强专职集体协商指导员队伍建设提出如下意见。

一、重要意义

推进集体协商机制建设，是工会一项基础性、战略性、长期性的重要任务。努力建设懂法律、能代表、会维护、善协商的专职集体协商指导员队伍，是贯彻落实“两个普遍”要求，积极稳妥扩大工资集体协商覆盖范围的重要举措，是加强业务培训、工作指导，解决职工方协商代表“不会谈”、“不善谈”，提升集体协商质量水平的有效途径，是主动依法科学维护职工合法权益的客观需要，对于推动实现企业与职工协商共事、机制共建、效益共创、利益共享，建立规范有序、公正合理、互利共赢、和谐稳定的新型劳动关系，具有十分重要的现实意义。

二、基本要求

加强集体协商指导员队伍建设，应当在目前集体协商指导员专兼职结合、以兼职为主的基础上，更加注重发挥专职集体协商指导员的优势和作用。通过建立规范化的专职集体协商指导员选聘、管理、使用和培养制度，使具有较高道德素养、掌握专业知识技能、善于协商协调的专职集体协商指导员，能够更加积极主动开展集体协商相关工作，推动集体协商工作的质量水平不断提高。

聘用专职集体协商指导员，原则上省级总工会 2 ~ 3 人，地（市）级总工会不少于 3 人，县（区）级总工会 2 ~ 3 人。有条件的地方，也可结合本地实际扩大选聘规模。专职集体协商指导员可以根据本级工会的统一部署，实行集中办公并直接参与本地工会集体协商相关工作。

专职集体协商指导员聘用和工作经费列入工会经费年度预算计划，具体支付和管理办法，由各省（区、市）总工会根据当地实际制定。

三、主要职责

（一）宣传指导。宣传开展集体协商的意义和作用，为企业和职工答疑释惑、提供政策法律咨询；围绕推动企业建立集体协商共决机制，指导和帮助企业工会、区域工会联合会、行业工会联合会搜集整理与集体协商相关的资料、收集职工意见、提出协商要约、拟定协商方案、研究协商策略、确定协商内容、起草集体合同草案等。

（二）参与培训。协助本级总工会对负责集体协商工作的工会干部及相关人员、企业职工方代表等进行业务培训，着力提高工会干部和企业职工方协商代表开展集体协商、代表和维护职工合法权益的能力水平，为开展集体协商提供素质保证和智力支持。

（三）参加协商。可以受上级工会委托，或接受企业工会、区域工会联合会、行业工会联合会聘请，作为职工方协商代表直接参加集体协商。对集体协商过程中发生的重大问题，及时向本级总工会报告并提出意见建议。

（四）调查研究。调查了解地区、行业、企业人工成本、经营状况以及与集体协商相关的各种数据和信息，为基层工会开展集体协商提供数据支持；及时了解本地区开展集体协商工作的最新动态，发现和总结本地先进经验和做法，为本级总工会推进集体协商工作提供决策参考；对履行职责过程中面临的新情况、新问题进行调查研究，提出解决的对策建议。

（五）监督检查。按照本级总工会的统一部署，参加对本地区集体合同执行情况的定期监督检查，协助本级总工会对工会集体协商工作开展情况进行监督指导。

四、选聘条件

专职集体协商指导员应从曾在党政机关、工会组织、教学研究机构、企业等供职，且已退休或离岗的人员中聘请，并具备以下条件：

（一）认真贯彻党的路线方针政策，学习宣传实践中国特色社会主义工会发展道路，政治立场坚定，品行端正，作风严谨，办事公道，热心群众工作，廉洁自律，具有较强的事业心和责任感。

（二）掌握国家和地方劳动法律法规和相关政策，熟悉企业人力资源管理、财务制度，以及劳动工资、社会保障、劳动安全卫生等相关专业知识。

（三）熟悉集体协商工作，具备一定的集体协商知识和实践经验，有较强的组织协调能力、协商谈判能力和研究解决问题的能力。

（四）身体健康，能独立承担参加协商、调查研究、工作指导和培训教学等任务，年龄一般不超过65周岁，特殊需要的经上一级工会同意可延聘至68周岁。

五、选聘办法

按照专职集体协商指导员的职责任务和选聘条件，坚持公开、平等、竞争、择优的原则，严把准入门槛，规范选聘程序，建立规范化的面向社会公开招聘的工作制度。

专职集体协商指导员实行聘任制，与所聘用单位建立劳务关系，原则上一年一聘。省（区、市）总工会可以直接从符合条件的人员中选聘。地（市）级总工会可从符合条件的各类人员中择优选择，报省级总工会审核批准后，统一培训、考试合格者颁发聘任证书，登记注册、建立档案并报省级总工会备案。地（市）级总工会可根据实际需要，将聘用的专职集体协商指导员分派到所辖各县（区）工会或产业工会开展工作。经济发达、中小企业集中、职工人数较多的县（区）级总工会，开发区（工业园区）总工会，可根据实际情况，从符合条件的各类人员中择优选择，经地（市）级总工会审核批准，统一培训、考试合格后颁发聘任证书，登记注册、建立档案并报地（市）级总工会备案。

各省（区、市）总工会应定期将辖区内聘请的专职集体协商指导员基本情况报全总集体合同部备案。

六、管理制度

通过制定相应办法、完善工作机制，建立健全专职集体协商指导员考核激励、定期培训、联系沟通等管理制度。

（一）考核激励制度。建立分级考核制度，按照不同的管理权限和工作要求，细化考核标准、量化考核指标；定期开展工作业绩评估考核，根据考核情况决定续聘、解聘或调整工作，对工作业绩特别突出的专职集体协商指导员给予适当奖励。

（二）定期培训制度。制定专职集体协商指导员中长期培训规划，有计划、有重点，分步骤、分层次开展培训；创新培训方法，拓展培训内容。通过集中学习、交流观摩、模拟实践、典型案例分析等多种形式，逐步提升专职集体协商指导员的专业水平。

（三）联系沟通制度。建立本级工会组织与专职集体协商指导员之间定期联系沟通制度，及时安排部署工作、交流通报情况、研究解决问题，进一步增强专职集体协商指导员队伍的凝聚力、影响力。

七、有关要求

（一）加强组织领导。要把加强专职集体协商指导员队伍建设工作，作为贯彻落实“两个普遍”要求，提升集体协商工作质量水平的一项基础性工作来抓，摆上重要位置，结合本地实际研究制定具体的工作方案，坚持做到主要领导亲自负责和列支专项经费予以保障。

（二）明确职责任务。要进一步明确职责任务，分级抓好落实。省级总工会负责统一制定管理办法和工作细则，明确职责，细化目标任务，完善操作措施；同时，制定人员选聘计划，实施对选聘人员的审核工作。地（市）及县（区）级总工会负责日常管理，建立工作档案，实施动态管理，定期跟踪检查，开展年度考核。

（三）强化督促检查。要采取经常性督查和随机抽查等方式及时了解掌握专职集体协商指导员的履职情况；把加强专职集体协商指导员队伍建设工作，作为衡量集体协商工作成效的重要内容，纳入对下级工会工作的年度目标考核。

（四）营造良好氛围。要进一步加大宣传力度，推动形成有利于专职集体协商指导员队伍充分发挥作用的良好社会氛围；积极争取党委、政府、人大、政协以及社会各界对这项工作的关心支持，不断拓宽专职集体协商指导员的选人渠道。

中华全国总工会关于提升集体协商质量增强集体合同实效的意见

总工发〔2014〕6号

近3年多来，全国各级工会认真贯彻落实《中华全国总工会2011—2013年深入推进工资集体协商工作规划》，积极争取党政重视支持，普遍加大工作力度，创造性地开展工作，推动集体协商制度建设和实施取得明显进展。截至2013年底，已建工会组织的企业80%以上建立了工资集体协商制度，有效提升了劳动关系双方协商谈判的意识，一定程度上提高了职工工资收入，为推动建立企业职工工资协商共决和正常增长机制，促进劳动关系和谐稳定发挥了积极作用。但是，由于多方面因素制约，集体协商工作中仍存在一些亟待解决的突出问题，如有的集体协商职工参与程度不够、协商过程流于形式，有的集体合同内容不够详实具体、实际作用不明显。为有效解决这些问题，切实提升集体协商质量、增强集体合同实效，提出如下意见。

一、充分认识提升集体协商质量、增强集体合同实效的重要意义

提升集体协商质量、增强集体合同实效，是加强集体协商制度建设的内在要求，也是切实维护职工权益的迫切需要，有利于促进全面深化改革，推动形成合理有序的收入分配格局；有利于引导广大职工更加积极主动通过集体协商的方式，理性合法表达利益诉求，化解劳动关系矛盾，建立企业和职工利益共享机制；有利于解决职工群众最关心最直接最现实的利益问题，切实让广大职工从集体协商中普遍受益，增强工会对职工的吸引力和凝聚力。各级工会一定要从党和国家工作大局以及工会工作全局的高度，充分认识提升集体协商质量、增强集体合同实效的重要意义，将其作为促进社会主义市场经济体制完善、更好履行基本职责、赢得职工群众信赖的基础性工作，进一步增强责任感、使命感和紧迫感。

二、提升集体协商质量、增强集体合同实效的指导思想、目标任务和工作原则

（一）指导思想

认真贯彻落实党的十八大、十八届三中全会和习近平总书记系列重要讲话精神，按照中央关于推行和完善集体协商制度的一系列重要部署，以及中国工会十六大提出的明确要求，着眼充分发挥集体协商制度在市场经济体制中对调整劳动关系的基础性作用，以职工广泛深入参与为基础，以促进职工方协商代表敢谈善谈为着力点，以有效解决职工关心的突出问题为核心，以实现劳动关系双方互利共赢为目标，逐步提高广大职工对集体合同的满意度，形成企业与职工利益共享机制。

（二）目标任务

提升集体协商质量、增强集体合同实效的要求是，努力推动实现集体协商制度健全完善、工作机制系统科学、协商准备全面充分、协商内容详实具体、协商程序依法合规、协商过程真谈实谈、协商结果公平合理、协议履行及时有效。总体目标任务是，从 2014 年起，用 5 年时间，在集体协商建制率动态保持在 80% 的基础上，集体合同所覆盖职工对集体协商的知晓率达到 90%，职工对开展集体协商和签订集体合同工作的综合满意度稳步提高。

（三）工作原则

循序渐进。把提升集体协商质量、增强集体合同实效作为一项基础性、长期性工作稳步推进；遵循集体协商工作规律，把打基础、利长远的制度机制建设和解决当前突出问题有机结合起来；协商内容循序渐进，从解决职工普遍关注、容易解决的问题做起，逐步拓展和深化。

依法合规。企业、行业、区域工会敢于依法主动代表职工开展集体协商，协商过程严格遵循法律法规规定的工作原则、方法、步骤，做到协商主体、程序、内容符合法律法规规定；上级工会指导帮助企业、行业、区域工会开展集体协商应当严格依法依规。

职工参与。把动员广大职工全过程参与作为提升集体协商质量、增强集体合同实效的动力，通过落实职工参加集体协商的知情权、参与权、共决权和监督权，使协商议题充分反映职工诉求、协商进程及时向职工公开、协议内容由职代会依法审议、合同履行接受职工监督。

基层为主。切实把集体协商工作重心放在基层，注重健全完善制度机制保障，充分发挥企业、行业、区域工会的主观能动性，不断增强其开展集体协商的能力水平，在代表职工开展集体协商、维护职工劳动经济权益时更加积极主动、理性科学。

三、健全完善提升集体协商质量、增强集体合同实效的工作举措

（一）着力增强集体协商内容的针对性。集体协商要立足于解决职工最关心的突出问题，确保协商内容量化细化，具有可操作性，并逐步由权益保障向利益共享拓展，努力通过集体协商满足职工的合理利益诉求。要分类确定协商重点，区域协商要实现区域内最低工资标准、基本劳动条件等底线标准与区域发展水平相适应；行业协商要以合理确定劳动定额、工时工价标准为重点，具体到不同工种、不同岗位，分类协商确定标准；企业协商要针对不同类别、不同岗位职工的不同诉求、分别确定协商内容和协议条款，特别是要明确一线职工、农民工、劳务派遣工的各项权益标准。要针对女职工特殊保护、劳动安全卫生条件等事项开展专项协商，签订更具针对性的专项集体合同。要持续做好基础工作，企业工会要加强与企业行政方的日常沟通联系，注意收集掌握企业劳动生产率、经济效益、财务状况、职工工资水平等信息，为提出更具针对性的协商内容奠定基础。

（二）充分发挥行业集体协商的优势作用。把行业集体协商作为解决中小企业单独提升集体协商质量难的重点形式和有效途径，积极促进基础扎实、条件成熟的行业普遍建立集体协商制度；行业集体协商要始终聚焦行业内职工普遍关心的突出问题，提倡行业内企业在履行行业集体合同的基础上，结合企业实际开展二次协商；各级产业工会要将行业集体协商作为重中之重的工作来抓，加强与相关雇主组织的沟通，深入研究行业宏观经济形势、国家产业政策导向、企业生产经营态势、职工生产生活状况等，充分发挥产业工会在推进行业集体协商工作中参与研究制定政策、发布信息，开展指导的作用。

（三）进一步加强职工方协商代表的选配和保护。健全完善保障职工民主选举职工方协商代表的工作制度机制，确保选出来的职工方协商代表敢于为职工说话；优化职工方协商代表结构，增强职工方协商代表的广泛性、专业性、互补性，充分发挥职工方协商代表的团队优势。上级工会要选择一些重点企业、行业和区域，全过程指导、监督其依法民主选举职工方协商代表；要通过健全制度机制、提供支持帮助等方式解除基层工会干部和职工方协商代表的后顾之忧；对打击、报复职工方协商代表的行为，要旗帜鲜明、积极主动进行及时制止和纠正；将工会干部权益保障金适用范围拓展至职工方协商代表，发挥其托底保障作用；对未尽到保护职工方协商代表责任的，上级工会要及时责令其改正，直至追究相关人员责任。

（四）切实激发集体协商中职工的参与热情。把职工积极参与贯穿集体协商始终。在开展集体协商前，企业、行业、区域工会要通过座谈、问卷调查等多种形式了解职工诉求，并注意加强企业、行业、区域内不同职工群体不同权益需求的磋商、协调、平衡，力争准确聚焦职工集中反映的问题；在集体协商过程中，职工方协商代表要及时向职工通报协商进程，征求职工对协商内容、协商底线、协商策略等进行适当调整的意见建议；集体合同草案要由职工（代表）大会依法审议通过，并开展职工满意度测评，了解职工对协商结果的认可程度；集体合同履行情况要及时向职工（代表）大会报告，或通过职工方协商代表巡视等方式，加强职工对集体合同履行的监督。

（五）注重增强集体协商的专业指导力量。通过完善制度机制确保专职集体协商指导员作为外聘协商代表，积极参与企业、行业、区域集体协商具体工作，每个专职集体协商指导员每 1 个年度内，至少直接参与4次企业、行业或区域集体协商的全过程，特别是在集体协商的准备、协商资料的收集分析、职工方协商代表的培训、职工群体内部意见协调、协商难题的解决、合同文本的把关等方面进行指导帮助。积极吸纳一批劳动关系领域的专家学者参与集体协商工作，通过建立健全集体协商专家顾问组等指导机构，定期组织专家学者深入研究集体协商面临的问题，及时提出解决问题的具体措施，开展对企业、行业、区域工会"点对点"、"点对面"的业务指导；通过专家巡讲送教上门，推动工会干部和职工方协商代表不断提升把握政策、分析数据以及运用协商策略技巧的能力水平。

（六）突出强化上级工会的指导服务。各级地方总工会要切实加强对企业、行业、区域工会的指导服务，注重加强对企业实施集体协商质量效果自我提升计划的引导和激励。城市、县（区）总工会应在每年企业、行业或区域集中开展集体协商前，会同协调劳动关系相关部门，经过深入研究磋商，至少发布1次本区域内工资指导线、劳动力市场供求、人工成本占比、职工平均工资水平、消费价格指数变化、企业整体经营状况、市场经营环境等与集体协商相关资讯情况的分析报告；针对劳动关系矛盾隐患多但企业、行业或区域工会组织开展协商有困难的实际，进一步完善上级工会代行或参与下级工会开展集体协商的工作机制；分级分类培育和宣传一批协商程序规范、协商内容具体、协商效果明显、职工比较满意的集体协商典型，发挥典型的示范带动作用；推动建立健全集体协商的相关法律法规，使集体协商制度规则更具约束力和可操作性；建立上下联动的工作机制，形成企业、行业、区域工会主动作为、上级工会指导服务到位的良性互动局面。

四、切实加强对提升集体协商质量、增强集体合同实效的工作保障

（一）加强组织领导。各级工会要将提升集体协商质量、增强集体合同实效摆上全会工作更加突出的位置，在人、财、物等方面加大支持力度；各级工会主要领导要负总责、亲自抓，定期集中研究、协调解决工作中面临的难点问题；各级地方总工会和各级地方产业工会在开展行业集体协商过程中要衔接联动，相互支持、形成合力；积极稳妥推进工会组织形式的改革创新，在同行业企业集中度高的区域逐步建立行业工会组织并提供经费保障。

（二）完善制度机制。探索实施集体协商质量评估试点工作，以职工对集体协商改善自身权益状况的满意度为核心内容，提倡各地工会结合实际制定指标量化、更具操作性的集体协商质量评估办法，在评估中可尝试引入第三方调查机构参与；建立考核激励制度，列支专项经费对定期评估中成绩突出的集体和个人予以表彰激励。

（三）提供力量支撑。各级工会领导机关要加大重视支持力度，逐步扩大专职从事集体协商工作人员的规模；要按照《中华全国总工会关于加强专职集体协商指导员队伍建设的意见》（总工发〔2012〕45号）的要求，尽快建立完善专职集体协商指导员队伍，通过逐步完善队伍管理、业务培训、业绩考核等制度，着力培养一批工会自己的集体协商谈判专家。

中华全国总工会深化集体协商工作规划（2014—2018年）

总工发〔2014〕11号

为进一步推动集体协商工作深化发展，切实维护职工合法权益，促进劳动关系和谐稳定，现制定如下规划。

一、指导思想

全面贯彻党的十八大、十八届三中全会和习近平总书记系列重要讲话精神，落实中国工会十六大关于“继续普遍开展工资集体协商，扩大覆盖面，提高协商质量”的工作部署，着眼充分发挥集体协商制度对调整劳动关系的基础性作用，以提升集体协商质量、增强集体合同实效为主线，进一步坚定信心、凝聚共识、攻坚克难，巩固实施《中华全国总工会2011—2013年深入推进工资集体协商工作规划》（总工发〔2011〕4号）取得的建制成果，有效解决一些企业职工参与协商程度不够、协商过程流于形式，一些集体合同内容不够详实具体、实际作用不够明显等问题，推动形成制度支撑有力、机制运转高效、职工参与广泛、实施效果明显的集体协商工作推进局面，使越来越多的职工对集体协商的效果感受得到、能够认可、趋于满意，实现促进企业发展与维护职工权益相统一，推进广大职工实现体面劳动、舒心工作、全面发展。

二、工作目标

——进一步巩固集体协商建制率。已建工会组织企业集体协商建制率保持在80%以上，其中百人以上已建工会组织企业建制率保持在90%以上。

——不断提升集体协商质量。已建立集体协商制度的企业，协商内容针对性强、程序规范、沟通充分、履约到位、效果明显。建制企业职工对集体协商的参与率达到70%以上，知晓率达到90%以上，对开展集体协商和签订集体合同工作的综合满意度稳步提高。

——逐步扩大集体协商指导员队伍规模。全国专兼职集体协商指导员队伍规模达到15万人以上，其中专职集体协商指导员队伍规模达到1万人以上，努力培养一批工会集体协商谈判专家。

——加强集体协商业务培训。全国各级工会每年培训从事集体协商工作的工会干部和集体协商指导员24万人次，其中全国总工会每年重点培训师资600人次，每个省级总工会每年培训不少于300人次，每个地市级总工会每年培训不少于200人次，每个县级总工会每年培训不少于60人次，通过扩大培训规模、提升培训层次，不断提高从事集体协商工作的工会干部和集体协商指导员的能力水平。

——分级分类培育一批集体协商典型。全国每年培育20个不同层次、不同类型、在国内外有一定影响的行业集体协商典型；培育60个企业、10个区域协商效果突出、影响广泛的集体协商典型。5年共形成

100个行业、300个企业、50个区域集体协商典型，充分发挥集体协商典型的示范引领作用。

三、工作原则

——坚持提升质量、增强实效。把提升集体协商质量、增强集体合同实效贯穿于深化集体协商工作全过程，努力实现数量与质量、规模与效果相统一。

——坚持重心下移、上下联动。切实把集体协商工作重心放在基层，注重通过健全完善制度机制调动基层工会的积极性、主动性，形成基层工会主动作为、上级工会指导服务到位的良性互动局面。

——坚持依靠职工、惠及职工。把动员广大职工全过程参与作为深化集体协商工作的动力，落实职工参与权利，扩大职工参与范围，使集体协商内容真正反映职工意愿和需求，促进职工充分共享经济社会发展成果。

——坚持凝聚共识、营造氛围。加强正面宣传引导、形成正确舆论导向，通过宣传引导推动形成以集体协商方式化解劳动关系矛盾的普遍共识。

四、工作措施

（一）大力开展集体协商要约行动

1. 普遍开展集体协商集中要约行动。省级总工会要加强对集中要约行动的部署、指导。地市级和县级总工会要制定集中要约行动的工作方案，通过举行启动仪式、召开动员会等形式，每年定期组织开展集中要约行动。有条件的地区，可以由省级总工会或者推动省级协调劳动关系三方统一组织实施集中要约行动。

2. 不断丰富要约形式。各级地方总工会要坚持集中要约与动态要约相结合，在积极组织本地区开展集体协商集中要约行动的同时，创造条件鼓励基层工会依据企业（行业、区域）实际，适时以更加灵活多样的形式向企业或企业代表组织提出更具针对性的协商要约。可针对重点行业、重点区域以及国有企业、世界500强在华企业中未建制企业开展专项要约。

3. 建立完善要约相关制度。上级工会要指导和帮助基层工会依法主动行使要约权，督促企业或企业代表组织按时应约并提供与开展集体协商相关的企业经营信息。基层工会提出协商要约有困难的，可由其上一级工会代表基层工会向企业或企业代表组织提出协商要约。对企业或企业代表组织不按时回应或拒绝进行集体协商的，上级工会要依法提出整改意见书或约谈其负责人，督促其开展集体协商；对逾期不整改的，上级工会应提请劳动行政部门责令其限期改正。

（二）突出抓好行业集体协商

1. 健全行业集体协商主体。把开展行业集体协商作为深化集体协商工作的重点和主攻方向。在中小企业比较集中的乡镇（街道）和工业园区，加快行业工会组织建设，积极稳妥探索建立更切合行业实际、符合协商要求的行业工会组织。在行业工会组织缺位时，可以通过“上代下”等方式确定行业集体协商主体。有条件的地方，可以根据开展行业集体协商的需要，积极推动建立健全与行业工会组织相对应的企业代表组织。

2. 细化和拓展行业集体协商内容。把行业最低工资标准、加班工资基数、工资调整幅度、劳动定额标准、工资支付办法等行业内职工普遍关心的问题作为行业集体协商的核心内容，根据不同工种、不同岗位，分类协商确定工资分配制度、岗位工资基数、岗位工资系数等标准。根据行业内企业实际情况，将协商内容逐步向劳动安全卫生条件、女职工特殊权益保护、职业技能培训、职工参与企业二次分配等方面延伸。提倡行业内规模以上企业在行业集体协商的基础上，按照定额标准不高于、工价标准不低于行业集体合同约定的原则，开展内容更具针对性的二次协商。

3. 拓展行业集体协商领域。在推进建筑、采矿、餐饮服务等劳动密集型企业相对集中的行业开展集体协商的基础上，把行业集体协商领域逐步向新兴产业、知识密集型产业及实行企业化管理的事业单位延伸，实现县级以下区域内基础扎实、条件成熟的行业普遍建立集体协商制度。有条件的地方也可以从实际出发，继续积极探索在县（区）及以上开展行业集体协商工作。

4. 参与制定行业劳动定额标准。各级地方总工会、产业工会要联合政府相关部门、企业代表组织，通过调查研究、科学测算、试点验证等方式，积极探索制定公平合理、能够在行业内普遍适用的劳动定额标准并及时进行调整；逐步推动建立统一、规范、权威的行业劳动定额标准测算、发布和管理制度。

5. 发挥产业工会作用。各级产业工会要切实发挥熟悉行业劳动关系特点、联系行业职工紧密的优势，加强对产业、行业宏观经济政策的研究分析，深入开展对本产业、行业集体协商工作的调查研究，会同行业协会适时就行业劳动工资福利等提出指导意见和政策措施。各级地方总工会要在政策咨询、资源配置、人员培训等方面切实加大对产业工会的支持力度，为产业工会发挥作用创造有利条件。

（三）提高企业集体协商质量

1. 选好配强职工方协商代表。要健全完善企业职工民主选举职工方协商代表的工作制度机制，确保选出来的职工方协商代表敢于为职工说话；优化职工方协商代表结构，增强职工方协商代表的广泛性、专业性、互补性，充分发挥职工方协商代表的团队优势。上级工会要通过健全制度机制、提供支持帮助等方式解除企业工会干部和职工方协商代表的后顾之忧。

2. 增强集体协商内容的针对性。企业集体协商要立足于解决职工最关心的突出问题，确保协商内容量化细化，具有可操作性。要针对不同类别、不同岗位职工的不同诉求、分别确定协商内容和协议条款，特别是要明确一线职工、农民工、劳务派遣工的各项权益标准。

3. 保障职工充分参与集体协商。企业工会要把动员广大职工全过程参与贯穿集体协商始终。在开展集体协商前，要充分了解职工诉求，力争协商议题准确聚焦职工集中反映的问题；在集体协商过程中，要及时向职工通报协商进程，征求职工意见建议；签订集体合同草案后，要由职工（代表）大会依法审议通过，并及时将集体合同履行情况向职工（代表）大会报告。

4. 借助专业力量开展集体协商。企业工会要把委托专业人员参与集体协商的制度规定用足用好，邀请相关专家及专职集体协商指导员参与其中，在协商资料收集分析、职工方协商代表培训、职工群体内部意见协调、协商难题解决、合同文本草拟等方面进行具体的指导帮助。

（四）加强集体合同履约监督

1. 实施动态管理。省级总工会要支持和指导地市级、县级总工会建立健全集体合同数据库，实行实名制、动态化管理，及时掌握集体合同签订、履行情况并进行跟踪核实。

2. 创新监督形式。各级地方总工会要指导基层工会完善工作机制，创新方式方法，调动职工参与监督集体合同履行的积极性。要通过成立集体合同履约监督小组、开展职工代表巡视检查、集体协商指导员调查走访、向职代会报告集体合同履约情况等形式，确保广大职工能够参与对集体合同履行情况的监督检查。

3. 借助各方力量。各级地方总工会要积极争取将集体合同履行情况纳入人大执法检查、政协视察的重要内容；推动政府劳动行政部门把集体合同履行情况纳入劳动监察内容和企业守法诚信档案，列为各类评先评优活动的前置条件；对无法定事由拒不履行集体合同的企业，要依法提请劳动行政部门处理，还可探索通过向社会公开等方式，督促其切实履行集体合同。

（五）强化集体协商人才队伍建设

1. 扩大集体协商指导员队伍规模。加强专兼职集体协商指导员队伍建设，突出抓好专职集体协商指导员队伍建设，严格落实《中华全国总工会关于加强专职集体协商指导员队伍建设的意见》（总工发〔2012〕45 号）要求，按照省级总工会 2—3 人，地市级总工会不少于 3 人，县级总工会 2—3 人的标准，分级配齐符合聘任条件的专职集体协商指导员。有条件的地方，可结合本地实际逐步扩大聘用规模。

2. 加强集体协商指导员队伍管理使用。省级总工会要制定完善集体协商指导员队伍管理办法，加强对集体协商指导员的管理调配使用。及时安排部署工作、交流通报情况、研究解决问题、组织集中述职；科学合理确定集体协商指导员工作目标任务，使集体协商指导员权责对应，职责落实到位；建立科学的考核标准和办法，根据定期考核情况决定续聘、解聘或调整工作，对工作业绩特别突出的集体协商指导员给予适当的精神鼓励或物质奖励。

3. 加大集体协商指导员队伍建设保障力度。县级以上地方工会要列支专项经费，保障专职集体协商指导员队伍建设，确保经费投入根据本地区经济社会发展情况，随队伍规模、工作水平的提高而同步提高。有条件的地方，可积极稳妥探索为集体协商指导员开展工作给予更为有力支持和保障的方式方法。

4. 建立健全专家指导机构。各级地方总工会根据工作需要，逐步建立健全集体协商专家顾问组（团）、指导组（团）等专家指导机构，吸纳相关专家学者定期参与集体协商政策咨询、业务指导、巡讲培训、调查研究等工作。有条件的地方，可以积极争取财政专项资金，向工会外部的相关专家和专业机构购买有关集体协商工作的专业服务。

（六）加大集体协商业务培训力度

1. 分级开展培训。各级总工会按照分级负责培训的要求组织开展培训工作。对负责集体协商工作的工会干部、职工方首席协商代表每年应安排培训一次。对新任职、新聘用的集体协商指导员，尽快就近培训，在上岗半年内必须进行培训。企业工会每年应组织对职工方协商代表的集中培训。要通过组织编写理论类、典型案例分析类等丰富多样的培训教材，针对不同群体的不同特点合理确定培训内容，不断增强培训的针对性和实效性。

2. 拓展培训对象。各级总工会要在加强对各级工会干部、集体协商指导员和职工方协商代表培训的基础上，积极推动各级党校、行政学院将集体协商相关内容纳入培训课程，促使更多党政领导了解重视集体协商工作；充分利用协调劳动关系三方机制平台开展联合培训，加强对政府部门、企业代表组织相关工作人员以及企业负责人的培训工作。

3. 创新培训方式。充分发挥中国劳动关系学院、省级工会干部院校培训的主渠道作用，并将社会高等院校作为培训的辅助力量；坚持组织调训与自主选学相结合，探索开展巡讲、网络课堂等培训方式；坚持理论讲授与实战演练相结合，广泛开展现场观摩、案例分析、模拟谈判等培训教学活动。

4. 强化培训管理。形成职责明确、制度健全、考评结合、有序有效的培训管理机制。实施考核认证，凡参加各级培训并经考试合格的，由各级培训机构颁发证书。建立工会干部和集体协商指导员培训档案，加强对考核记录和相关信息资料的归档管理。上级工会要将完成培训任务、提高培训质量等情况纳入对下一级工会考核内容。

（七）抓好集体协商典型培育

1. 分级培育典型。各级总工会、产业（行业）工会应当深入基层直接指导或参与典型协商过程，分级抓好典型培育。全国总工会每年选树 3 个行业、3 个企业、1 个区域集体协商示范点，并进行实地调研、指导。各全国产业工会每年应当培育总结 2 个以上行业集体协商典型。省、市、县三级总工会每年至少要各培育选树 2 个行业、2 个企业、1 个区域集体协商示范点。各级地方总工会相关工作部门要加强与同级产业工会沟通协作，联合抓好行业集体协商典型的培育。

2. 深入总结典型。各级总工会要对优秀典型的协商过程、协商内容、关键环节、职工评价等情况留好记录、建好档案；加强对集体协商典型案例的长期跟踪研究和深入细致分析，总结带有普遍性、规律性的经验做法。全国总工会每年编辑 1 本集体协商案例分析图书资料发放至地方总工会。各省级总工会要根据实际，做好典型案例分析工作，5 年内至少编辑 2 本集体协商案例分析图书资料，发放至下级工会。

3. 努力推广典型。各级工会要充分利用新闻媒体、国内外论坛、研讨会、座谈会等平台，积极主动推介开展集体协商的先进典型，切实发挥集体协商典型对推进集体协商工作的示范带动作用；各级地方总工会每年至少组织1次现场观摩或典型案例分析研讨活动，进一步加强对本地区集体协商典型的分析研究、集中推广。

（八）建立集体协商工作综合评价体系

1. 开展集体协商工作评价。加强集体协商工作评价体系研究，鼓励各地积极主动开展集体协商工作评价试点，科学设置评价指标，开展实证分析研究，逐步建立科学合理、简便易行的集体协商评价体系，客观准确评价开展集体协商工作的效果。

2. 实施职工满意度测评。基层工会要通过无记名测评、问卷调查和个别访谈等方式，将集体协商工作程序、协商内容、集体合同履行情况、职工方协商代表履职情况等作为测评重点，组织职工进行满意度测评，及时跟踪评估协商过程和实施效果。上级总工会要及时收集掌握基层工会开展职工满意度测评情况，并加以深入研究分析。有条件的地方，可以尝试引入第三方调查机构参与测评，进一步增强职工满意度测评的客观性。

3. 健全激励约束机制。上级总工会要将集体协商工作评价结果作为对下一级总工会和产业工会年度工作目标考核的重要依据。全国总工会每年对各省级总工会推进集体协商工作情况进行通报，各省级总工会也应结合本地实际，建立工会推进集体协商工作情况定期通报制度。各级总工会要把开展集体协商作为企业评选五一劳动奖状、模范职工之家和授予企业经营者劳动模范等荣誉称号的必备条件，实行“一票否决”；积极争取把企业开展集体协商作为推荐企业经营者担任党代表、人大代表、政协委员等政治身份的重要参考条件。

（九）营造推进集体协商工作的良好氛围

1. 健全宣传制度。各级总工会要根据本地实际和特点，制定集体协商宣传计划，建立宣传引导工作的目标管理、激励约束、协调联动、快速回应等机制。特别是要针对社会普遍关注的集体协商热点问题，把握宣传时机和宣传节点，及时主动在媒体上进行解读和回应。

2. 突出宣传重点。坚持广泛深入宣传开展集体协商对于化解矛盾、促进发展、实现双赢的重要意义。各级工会媒体要把行业、企业集体协商典型作为重点内容，全面报道协商过程、具体做法和创新举措，深入挖掘分析，形成系列报道；要针对带有普遍性的社会疑虑或担心，开展有针对性的宣传引导，集中宣传工会组织开展集体协商的政策主张、具体措施和实际成效。

3. 创新宣传形式。广泛联系各种媒体资源，拓宽宣传渠道，注重借助微博、微信、手机短信等新兴网络媒体和现代传播方式，创新符合媒体传播规律、职工喜闻乐见、社会易于接受的宣传方式，扩大宣传覆盖面、增强宣传的实效性，最大限度凝聚社会共识。

五、工作保障

（一）争取党政重视支持。各级地方总工会要借助党委（常委）会议、政府与工会联系（席）会议制度等平台，定期向党委汇报、向政府通报集体协商工作推进情况以及需要党政协调解决的困难和问题。积极推动将集体协商工作作为当地党委政府制定经济社会发展规划的必备内容，实施科学发展综合考核的必备指标，深化收入分配制度改革的必备措施，在经济社会发展和全面深化改革的总体布局中进行筹划部署，加大推进力度，加强督促检查，促进形成和完善“党政主导、三方共促、工会力推、各方配合、企业和职工良性互动”的工作格局。

（二）摆上工作重要位置。各级工会要从党和国家工作大局和工会工作全局的战略高度，充分认识深化集体协商工作的重要意义，进一步增强推进集体协商工作的责任感、使命感和紧迫感，把推进集体协商工作摆上全会工作的重要位置，做到责任到位、措施到位、人员到位、投入到位。地方工会和各全国产业工会要根据本规划，制定符合本地区、本产业实际的工作规划，统筹协调解决开展集体协商工作遇到的困难和问题，切实抓好规划落实。要对集体协商工作从人力、物力、财力等方面给予更多的支持和倾斜，进一步整合工会内部力量、优化资源配置、加强合作联动，共同推进集体协商工作深化发展。上下级工会之间应当就推进集体协商工作加强沟通交流，上级工会应当在业务指导、信息发布、经验总结等方面为下级工会提供更多支持服务。

（三）用好三方机制平台。推动各级协调劳动关系三方将集体协商工作作为重要工作内容，建立健全三方合力推进集体协商工作的长效机制，明确各方职责，制定工作计划，形成工作合力。通过联合发文、联合调研、联合培训推进和指导工作，定期研究解决推进集体协商工作带有普遍性、倾向性的问题。各地工会应当结合本地实际，借助三方机制力量，加强对当地劳动关系发展态势的分析研判，对人工成本占比、职工平均工资水平、企业整体经营状况等与集体协商相关的资讯情况进行分析并定期发布分析报告，为开展集体协商提供数据信息支撑；积极参与和推动政府及时调整最低工资标准、发布工资指导线、劳动力市场工资指导价位等；推动各级劳动行政部门将集体协商列入劳动保障监察范围并对拒绝开展集体协商的企业责令改正；推动各级各类企业代表组织加强对企业开展集体协商的正面引导。

（四）推动优化法制环境。各级工会要根据已有法律法规政策，结合工作实际，细化落实措施办法，在坚持依法合规推进集体协商的同时，促进集体协商立法更加完善，形成系统完备、有效管用的法律法规政策体系，为开展集体协商提供更加有力支撑。各级工会要根据集体协商工作实际需要，共同努力推动国家层面加快《集体协商法》立法进程，进一步提升集体协商立法层次，增强集体协商规则的可操作性和刚性约束力；各省、自治区、直辖市总工会和较大的城市总工会要主动支持、配合地方人大、政府制定或修订集体协商相关地方法规和行政规章。

（五）加大改革创新力度。要着眼工会集体协商工作更加适应国家治理体系和社会治理体制改革创新的形势，适应市场在资源配置中起决定性作用的新要求，根据集体协商工作形势发展变化的需要，进一步改革创新工会组织体制、工作机制和活动方式。进一步理顺产业工会组织体制，建立和完善产业工会与相应政府部门、行业主管部门或行业协会的沟通协调机制，充分发挥产业工会在推进行业集体协商方面的独特作用。针对推进工作中面临的突出问题，鼓励支持基层积极开展探索创新，及时将基层探索创造的成功经验做法，从理论和实践结合的层面进行梳理分析、总结提炼，尽快上升为具有普遍约束力的顶层设计。